「心の窓」を開く
いのちの授業

主役は子ども達

若尾　久
WAKAO Hisashi

文芸社

命、それは
自ら心を開き、
自ら考え、
自ら気づくもの

「心の窓を開く」いのちの授業とは

命について、一方向的に教え、伝え、理解させようとする授業から、子ども達を主役とし、子ども達が自ら考え、気づき、発言する場へと移行し、子ども達の心の中にとどまっていた命への思いを引き出す授業に変容した「いのちの授業」。立ち上げから2年の間に、私の心に大きな変遷があり、今に至っています。

2007年、企業に在籍していた時に、「いのちの授業」を立ち上げました。当時、社会的に関心が注がれていた、教育現場に於ける、いじめ、不登校、自殺という問題に常に関心を持っていたことが、立ち上げの背景にあり、社会貢献活動の一つの姿として立ち上げました。立ち上げ当初は、自身の体験を通して得た命の捉え方、或いは様々な文献から得た命に関する知識等を一方向的に、子ども達に語りかける形、講演形式で授業を進めていました。

当時、学校にお願いし、子ども達が、この授業をどのように受け止めたかをつづった手紙を頂いていました。ところが多くの手紙には、子ども達、一人ひとりの感じ方よりも、「改めて命の大切さが分かった」という感想が異口同音につづられていたのです。これらに触れた時、これまで実践してきた「いのちの授業」は、子ども達の心に届いていなかったことに気づいたのです。私は更に、聞き続ける一方向的な講演形式ではなく、子ども達が、自ら考え、気づき、そして発言する、双方向的な授業を求めていることに、気づくことができたのです。全国４万人を超える子ども達の手紙が届けてくれた貴重な気づきを基に、私は授業のあり方を大きく変容させていきました。その一つ、授業の初めに、子ども達に語りかける場面をご紹介します。

「今日の『いのちの授業』は、皆さんが主役です。私は脇役で、メッセンジャーの役割です。命を伝え、教え、理解してもらおうとする授業ではなく、皆さん自らに気づいてもらう授業です。皆さんが既に心の中に持っている、命への思いを引き出す授業です」

詳細は、「第二章　子ども達の心の窓を開く」を参照してください。

子ども達が届けてくれた数多くの気づきが、子ども達の心に内包している様々な〝命の姿〟に、私を導いてくれました。特に印象深いものとして、「命を絶とうと思っていた。だけど、この授業を受けて命の意味、生きる意味に触れることができた。これから頑張って生きていく」という衝撃的な内容をつづった手紙が、全国の約４００人近い子ども達から届いています。この体験を通して、これからも、かけがえのない命を助け続けると共に、限られた授業の場ではありますが、子ども達の心に真摯に向き合っていきたいと思うのです。このように、子ども達から私の心が喚起されたことで、企業を退職後もＮＰＯ法人として、「いのちの授業」を継続しようと心に誓ったのです。

目次

「心の窓を開く」いのちの授業とは …… 3
プロローグ …… 10

第一章 「いのちの授業」の誕生 …… 13
「いのちの授業」の立ち上げ …… 14
変容する「いのちの授業」 …… 15
支えられる「いのちの授業」 …… 23

第二章 子ども達の心の窓を開く …… 25
子ども達が主役 …… 26
自分自身への気づき …… 28
心の中から引き出す …… 30

第三章　授業の実践　その一 …… 37
「いのちの授業」の構成 …… 38
子ども達からの学び …… 40
何気ない日常に見る命のささやき …… 56
第四章　授業の実践　その二 …… 59
「出会い」から学ぶこと …… 60
生きる価値のない人はいない …… 67
生かされる命 …… 71
第五章　授業の実践　その三 …… 79
文字の中に見出す命 …… 81
私たちの身体を通して気づく命 …… 89
触れあう命 …… 92

第六章　子ども達との対話 …… 97
絆、それは感謝 …… 98
家族の死との触れあい …… 102
心の成長 …… 104
第七章　心の目で命と触れあう …… 109
命を生き抜く子ども達 …… 110
心のメッセージ …… 112
生きる意味に気づく子ども達 …… 121
第八章　エピソード …… 129
驚きの瞬間 …… 130
辛さが笑顔に …… 134
変容する命への思い …… 137

第九章　特別授業……147
いじめの言葉を楽しむ姿……148
子ども達が発する驚きの言葉……153
いじめの背景にある心の姿……159
第十章　触れる機会が少なかった命……163
当たり前と思っていた命……165
命の触れ合いの場がない……166
価値観の押しつけ……169
第十一章　〝生きる希望〟へ……173
命に対する心の変容……174
死と向き合う心……177
生きる希望……188

第十二章　気づきを言葉に …… 197
命の輝き …… 198
心の瞳で見る …… 201
あなたのままでいい …… 203
エピローグ …… 207
参考文献 …… 210

プロローグ

「先生、質問があります。人間は、いつかは死ぬのでしょう。どうして死ぬ人間が、生きる意味、生きる価値があるのですか？」

関東地方の小学校で、授業を始めようとした瞬間、一人の生徒が、こう質問をしてきました。私にとっては衝撃的な質問でした。間髪をいれず、もう一人の生徒が「僕も同じように思う」と発言してきたのです。二人の表情は、真剣そのものでした。二人は、なんと小学4年生なのです。小学4年生の生徒が、生きる意味、生きる価値についてその意味を必死に知ろうとしている。それも、生と死を対極にして真剣に向き合っているのです。終始、緊張感あふれる授業が、子ども達の命に対する篤い心によって創出されていきました。授業が終わった後、感動的な場面に接することになりました。質問をしてきた子ども達は、何回も何回も、「ありがとうございました」と、私を追いかけながら感謝の気持ちを伝えてきたのです。命に対する探究心は年齢に関係なく心の中に芽生え始めることを、子ども達の真摯な言動から気づくことができました。命に対する眩いばかりの光を、「いのちの授業」に注ぎ込んでくれた子ども達に心から感謝しております。

本書では、子ども達が命に対してどのような思いを持っているのか、どのような辛さや苦しみを持っているのか、また、それらにどう向き合っているのか等について、教育に携わる方々、保護者の方々、そして、教育に関心のある一般の方々に、特に触れて頂きたいと思っております。そして、これから命を輝かせていく子ども達にも、本書を通して、少しでも生きる意味、生きる価値、そして、生きる力が届けられたら幸いです。

本書は、社会教育活動の報告書でもあり、また、「いのちの授業」の啓発書として、お届けしたいと思っております。教育現場での道徳教育の一助にして頂きたいと願っております。自己を見つめ、物事の多様性を受け止め、自己の生き方についての考えを深める学習に、また、豊かな心、考える力、思いやり等の生きる力を身につけるための総合学習で、ご参考にして頂ければ幸いです。

尚、本書で記載しているご担任からの手紙はご担任ご本人から、そして生徒さん方からの手紙、写真、また、その他の画像の掲載につきましては、学校側からの了承を頂き、絵画につきましてはご家族のご了解を頂いた上で、掲載させて頂いております。

２０２４年９月

「いのちの授業」主宰　若尾　久

第一章 「いのちの授業」の誕生

・「いのちの授業」の立ち上げ
・変容する「いのちの授業」
・支えられる「いのちの授業」

「いのちの授業」の立ち上げ

２００７年、「いのちの授業」を立ち上げた当時、私は企業に在籍しておりました。当時、子ども達の、いじめ、不登校、自殺が注視され、大きな社会的問題として受け止められていました。中には、今まさに自分で命を絶とうとしている状況に置かれている子ども達が数多くいたのです。私は企業活動に携わっている立場ながら、社会環境をより良い状態にしていく責任を負っている立場にもある社会人の一人として、この状況を放置できないと考えるようになりました。何か行動を起こさなければならないと、社会貢献活動のひとつとして、命の視点で子ども達と交流を図ることを自ら誓ったのです。

どのような形で子ども達と交流を図るかに熟慮を重ねておりましたが、先ずは教育現場で起こっている実態に直接触れることで、子ども達の置かれている状況、或いは子ども達の命への受け止め方が見えてくるのではないかと思い、私が学校に出向き、直接子ども達と触れ合う授業に参画しようと考えました。この活動の立ち上げ当初は、私の体験から得た思いや、多くの文献から学んだ命に関する話を、子ども達に一方向的な講演形式で伝える形を取っていました。

手探りで始めた授業は、幾つかの実践を通して、次のような構成と仕組みに発展していきました。小学校の低学年（1年生〜3年生まで）は45分、または60分。小学校4年生以上では90分を基本とし、内容もそれぞれの学年に合わせました。又、実践に当たって、学校からの要請がある場合には、時間帯あるいは内容について、要請内容を考慮しながら構成することとしました。ただし、命に関する授業としての立場から外れることのないよう話し合いをし、授業に臨むこととしました。授業には、できるだけ多くの教員の方、保護者の方々にもご参加頂くようにお願いをしております。

授業の仕組みは、スクリーンに映し出した画像を見ながら子ども達に説明し、対話をしていく形を取り、小学4年生以上ではビデオも織り交ぜながらの形を取りました。また、「いのちの授業」の延長活動として、教育委員会などの外郭組織が主催する、大人の方々を主体とした場では、講演形式でお話をさせて頂くようになりました。

立ち上げ当初は、手探りの状況でしたので、私の思いや価値観を一方向的に伝え、理解してもらおうとする授業になっておりました。

このようにして、「いのちの授業」が始まっていきました。

変容する「いのちの授業」

「いのちの授業」を通して、思ったこと、感じたこと、気づいたことを、子ども達に手紙の形でつづってもらうことを、学校にお願いしておりましたが、授業を立ち上げてから2年ほどたった時、子ども達から届いた手紙の一文字一文字を注視し、読み直してみました。この時、授業の内容、構成、展開の方法について大きく変容させなければならない瞬間に出合うこととなりました。子ども達の手紙の多くには、それぞれの受け止め方、気づきではなく、『いのちの授業を受けて、改めて命の大切さが分かった』という一律的な感想がつづられていました。私自身の体験や、文献を含む様々な場から得た考え方を、良かれという思いではありましたが、一方向的に伝えていたことで、結果として、私の価値観を伝え、あるいは押しつけてしまうことで、子ども達自らが考え、気づき、発言する機会を奪ってしまっていたことに気づいたのです。子ども達の心に寄り添わなければならない私自身が、心の余裕を持ち得ていなかった状況に気づいたのです。

私は、これではいけない、良かれと思って行った授業が結果として、子ども達の心を命から遠ざけてしまっている。授業の内容、構成、展開の仕方を大きく変えていかなければ、子ども達の心に届かないと、初めて気づいたのです。今後どのような授業のあり方とするか、私はそのきっかけを何とかつかみたいと思い、もう一度、子ども達からの手紙を読み直してみました。数多くの子ども達の手紙には、自分で考える場が欲しい、どんな良い話でも聞くだけでは心に入らない等の思いが、共通してつづられていました。

語り手の一方向的な思いだけでは、子ども達の心を動かすことができないこともある。

この気づきと子ども達の願いを心に刻みながら、試行錯誤や熟慮を重ねていくうちに、私は次の三つのテーマを、授業の基本的な姿勢としました。

・事実、真実をしっかり伝え、曖昧さは、できるだけ排除する。
・子ども達の人としての成長を心から願い、本気で伝える。
・それぞれが考え、気づいたことを自らの人生に反映しようとする行動を促す。

この姿勢を貫くことで、子ども達に、『自ら考え、気づき、発言する行動意識を持ってもらい、命への意識を自ら醸成し、そして、命を大切にする思いを実践的行動に移す』こと、への気づきを育んでもらいたいと、心から願ったのです。

三つのテーマの詳細については、次の図『いのちの授業の骨格』をご覧ください。図でご覧頂きますように、一つは、子ども達に自ら考えてもらうために、事実、真実を主体に語り、自身の価値観や思いを一方向的に語ったり、押しつけたりしない。二つ目は、語り手である私が、どのような立場に立っていようとも、その立場に関係なく、一人の人間として本気で語る。三つ目は、子ども達が、感動して終わりではなく、気づいたことや思ったことを、自分自身の人生に役立てていこうとする、行動意識を促す授業。私は、この三つの志を持ちながら、授業を進めていきました。

授業を進めていく中で、次の思いを改めて心の中に強く刻むことができました。

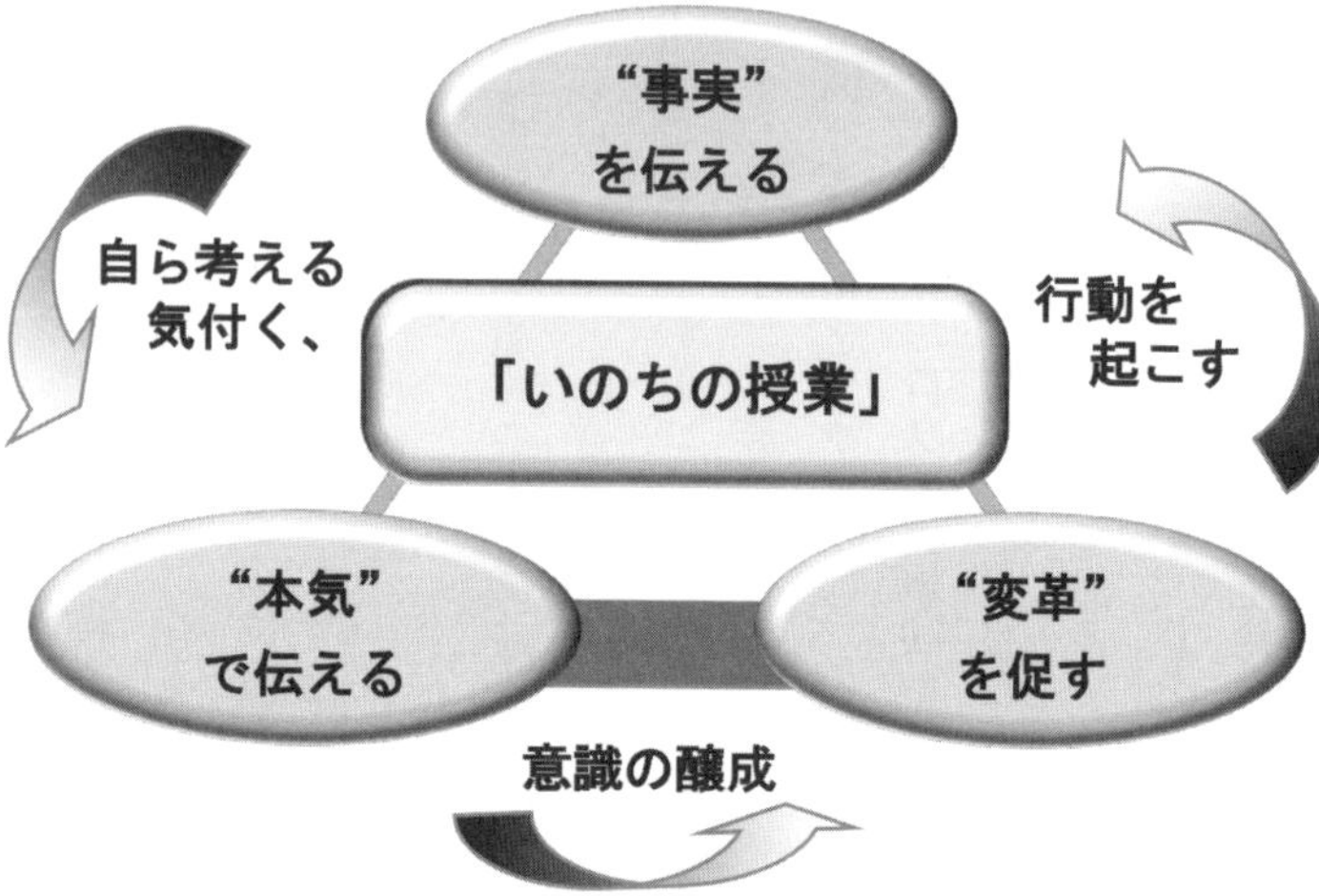

いのちの授業の骨格

　私が「いのちの授業」を立ち上げてから2年間で行ってきた授業は、自身の体験や様々な文献から得た思いを主体としたもので、命に触れる大事な話だという自負がありました。
　しかし、『私はこんな体験を通して、命の大切さを知った。そのお陰で、こんな思いを持つことができた。ここが大事なんだよ、だから、みなさんも、是非大切にして欲しい』と、ある意味では自身の価値観を一方向的に伝えよう、理解させようと強く働きかける場を作っていた自分自身を、振り返ることができたのです。「いのちの授業」が新しく生まれ変わった瞬間でした。

　生まれ変わった「いのちの授業」は、

次第に子ども達の心に届き始めました。子ども達からの手紙をご覧ください。

『授業をしてみんなの理解を深めるという事です。ただ単に授業を聞いているだけだと終わった後すぐに忘れてしまいます。自分も小学校の時から話を聞いてもすぐに忘れてしまうことが多かったです。しかし、若尾さんの授業ではみんなに質問したりして、みんなと考えて、理解を深めていったので、忘れがちな僕でも、ほとんど忘れていません』

『私が知っている講演は、一方的に話して、間がなくて途中から何を伝えたいのか分からなくなってしまうものでしたが、今回は、「私が」自分の命のすでに持っていた思いを引き出すというもので、参加できるものだったので、自分も「一緒に」考えることができました』

私はこれらの手紙に触れ、一方的に自身の思い（多くは自身の価値観）を語るのではなく、子ども達が、自ら考え、気づき、発言する場を、授業の中に取り入れていかなければならないと、今一度、心から触れることができました。

二つ目は、本気で語ることです。

私は常に、子ども達の幸せを本気で考えながら語っているだろうかと、また、命との結びつきの中で、子ども達が生きる意味、生きる価値、そして生きる力を自ら気づける場を与えているだろうかと、常に自問自答しながら授業を進めています。もちろん、自身の体験から得た気づきや価値観は大切なものです。一方で、それらを良かれと思いながらも、一方向的に語っていないかと、自分自身に問いかけているのです。

子ども達は、幼い時から家庭や学校や、そして地域での生活を通して、様々な体験をしています。そして、一人ひとり、それぞれの体験を通した気づきを持っています。皆違う体験、違う思い、違う気づきを持っているのです。

授業を行う時には、これらのことに気づきながら語っているかと、私は常に心の中に置くようにしています。子ども達のためだと思い込み、一生懸命、良かれと思って語ったとしても、自身の価値観を伝えようとしているのか、或いは理解させようとしているのではないか、ということを私は自問自答しながら、子ども達と触れ合うようにしています。

私は、授業の初めに、子ども達に、授業の中で体験した出来事を示しながら、こう語りかけます。「皆さんの命についての思いは、みな違うことを、私自身これまでの授業を通して、学ぶことができました。今日の授業は、皆さんのそれぞれの思いを受け止めながら、皆さんと一緒に作っていく授業とします」と。こう話しかけると、子ども達の表情が変わっていきます。教えられ、伝えられるだけの授業ではないな、自分達の思いも語っていい授業なのだなと、少しだけ安心した表情に変わっていくのです。自分達も参加できる授業に、子ども達が思いを寄せていることが、表情から伝わってくるのです。

一方向的で、画一的な授業にならないよう、子ども達の命に対する思いの違いを心から受け止め、子ども達と一緒に作っていく授業、そして、子ども達の幸せを心から願う授業として、これからも展開していきたいと思っています。

三つ目は、可能な限り自己変革を促すということ。

命、人権、そして道徳等に関する授業や講演については、語って終わってしまうだけのものにならないように、授業のあり方を常に考えています。子ども達の心の中に届き、多くの気づきが子ども達の心の中に醸成され、人としての成長に結びつけてもらいたいのです。そして、社会をより良いものにしていこうとする行動意識を養い、行動に結びつけていってもらう。そして行動を通してさらに、多くのことに自ら気づいていってもらう。この循環を形成させていくことが、命、人権、そして道徳の授業には必要だと、私は受け止めております。もちろん、このような授業にすることは簡単なことではなく、実現には、大きな壁があることは間違いありません。しかし、語り手として、「今日語ったことを覚えておいて欲しい、これからの人生に生かして欲しい」と、言葉で伝え終わってしまう場でいいのかと、常に意識し、自問自答しているのです。行動様式を変容させるのは、気づきの心の創出だと受け止めております。子ども達が自らの気づきを、自ら創出する場を、語り手が提供することの重要性を感じております。

子ども達からの、次の手紙をご覧ください。

『私の夢は、上手く生活していけない人の話を聞いて、サポートしていく仕事に就くことです。自分の歩みを見て、誰かが励まされるように、多くの人に自信と希望を与えていけるようにしていきたいです。小さなことから、まずは全力で取り組み、自分の可能性を広げていきたいです』

『授業に触れて、普通に生きていることが、どんなに素晴らしく、幸せなことかが分かった。これから、自分の命も大切にし、他の人の命も守れるような人になれるように努力したい』

直接、世の中に働きかける気持ちをつづった手紙です。その他にも、命に対する意識の変化、自身の生き方を見直すこと、身の回りの人達との関わり方の変化など、個別的な変容ではありますが、将来的により良い世の中への変革に結びつく、数多くの思いをつづった手紙が全国の子ども達から届いております。子ども達の命の視点を尊重し、可能な限り命の根幹に触れてもらう場を提供することで、子ども達の心に届いた思いが芽を出し、いつかは花開く、そんな心のあり方に、希望と、勇気を与える授業となることを常に意識していこうと思います。

今も多くの素晴らしい語り手が、社会活動に取り組んでおられます。今後も命の視点で、いじめ、不登校、自殺等をなくしていく社会の実現に取り組み、子ども達の未来に灯りを灯そうとする人たちが、数多く活動されていくことを願ってやみません。

支えられる「いのちの授業」

２００７年に立ち上げた「いのちの授業」は、年を追うごとに活動が拡大していきました。２０２４年4月現在、延べ約７６０校となり、約8万人を超える子ども達と触れ合うことができました。授業の拡大は、多くの方々のお力に支えられて実現した結果です。本書では、その方々への感謝と敬意を込めて、いくつか事例を、ご紹介をさせて頂きたいと思います。

先ずは、全国の複数の新聞社様からの取材を受け、紙上に掲載して頂いたことです。特に、一部の新聞社様には、授業を紹介する記事の中で、特集号と銘打って一面に掲載して頂きました。この年から数年の間、年間、全国述べ100校以上からの要請を頂き、授業を進めることができました。後の継続拡大への大きな力を頂きましたことに、深く感謝しております。

次に、テレビ局の存在です。授業風景の取材を複数のテレビ局から受け、放映して頂き、また、中には、一定期間、テレビで繰り返し放映して頂いたテレビ局もありました。このテレビ局が活動する県下の教育関係の皆様には、広く認知して頂けるようになりました。私の数多くの知り合いからは、「番組を見たよ」と声をかけて頂きました。テレビ局には心から感謝しております。

このように、数多くの貴重な出会いと、ご支援を頂いたことで、「いのちの授業」を、ここまで継続できたと受け止めております。多くの皆様に心から感謝しております。

第二章　子ども達の心の窓を開く

・子ども達が主役
・自分自身への気づき
・心の中から引き出す

子ども達が主役

「いのちの授業」の基本姿勢は、子ども達の心の窓を開くことにあります。心の窓を開くために、命に関して、教え、伝え、理解させようとするのではなく、子ども達自ら、考え、気づき、そして発言する、自律的な場としています。そして、語り手としての見解や価値観を伝えたり、結果として押しつけたりする場とならないことを常に心の中に置いています。第三章で、詳細内容をご紹介致しますが、本章では、この授業を開始するに当たっての大事な骨格に、先ず触れて頂きたいと思います。

その一つ目です。

私は授業の初めに、子ども達と一緒に作っていく授業であることを伝えた後、「今日の授業は皆さんが主役です。私は脇役であり、メッセンジャー役です」と伝えていきます。この時、子ども達の顔は、一体、どういうことなのだろう、という表情に変わっていきます。そして、授業が始まった時に顔を下向きにしていた子ども達も、次第に顔を上げ始めていきます。子ども達を主役とした授業の流れにした背景には、子ども達からの、共通した思いをつづった数多くの手紙に触れたことにあります。

『いつものように、一方的に語り手の価値観を伝えられる授業だと思っていた。だけど、今回の授業は自ら考え、気づく授業で、今までと違い、命にしっかりと触れることができた』という手紙が、全国の子ども達から数多く届いています。第三章でその詳細をご紹介します。

私は、企業や教育機関などを退職した人達が主体になり、様々な相談を受ける団体の中で、その一員として、活動を展開していたことがありました。その頃、ある状況に違和感を持ったのです。一部の人ではありましたが、人の生きる根源に触れる場であるにも拘らず、心を癒し、気づきを喚起するのではなく、言葉の定義の説明に終始するのです。そして教え込もうとするのです。私は、幾度となく意見を述べましたが、受け入れてもらえず、気づいて頂くことの難しさを感じました。

第三章でご紹介いたしますが、命にしっかり触れてもらうための役割を持つ語り手が、寧ろ、子ども達を命、人権、道徳から遠ざけているという事実をつづった手紙が、数多くの子ども達から届いているのです。

私は思うのです。子ども達は命、人権、そして道徳の授業、講演については、自ら考え、気づく場を欲していることを。子ども達が主体となって命に触れる授業とすることで、子ども達の命への思いを再び呼び起こす場となると、心から思うのです。このような体験を通して、語り手としての私は、子ども達が自ら考え、気づくことを促すために、事実、真実を主体に伝え、状況によっては自身の思いを一つの見方と限定しながら語る、こうしたメッセンジャーに徹しようと、心に誓ったのです。そのために、子ども達が授業を聞くだけでなく、自ら授業のプロセスに参加する場を提供してきたのです。こうして、子ども達が主役の立場として、命に触れる場が創造されました。

自分自身への気づき

二つ目です。

「今日の授業は、皆さんに、命について伝えたり、教えたり、理解してもらおうとする授業ではありません」と、私は、一つ目の話に続き、子ども達に伝えます。この瞬間、子ども達の表情がまた、大きく変化していくのです。『いったい、この人は、今日、何をしに来たのかな、授業では何を語ろうとしているのか、理解できない』と、このような心の動きを感じさせる表情を見せ始めるのです。そこで、私は、なぜ、このような授業とするのかを、子ども達に、分かり易く説明していきます。

授業が変容する以前に私は、「命とは、何だと思いますか？」と、子ども達に質問をしていきました。そこで、想像もしていなかった子ども達の心に触れることになったのです。私は試しに、全国、複数の小学校の1年生に次の質問をしてみました。

「皆さん、命は何だと思いますか？」

なかなか答えが返ってきません。考える時間を置いて待っていると、

「ぼくは、命はかけがえのないものだと思う」

「私は、心だと思います」

「私は、神様から頂いたものだと思っています」

等々、想像を超える答えが返ってきたのです。

この対話を通して、自分自身が心の中に素晴らしい命に対する考えを持っていることに、そして、このことに普段気づいていなかったことを、子どもたち自身が感じていきます。心の中から引き出す機会を与えることで、子ども達は次第に自身の素晴らしさを感じ、命の視点で物事を見ようとする、自身の姿に気づき始めていきます。

子ども達は、大人が想像する以上の感性を心に内包していることに、「いのちの授業」を通して触れることができました。第三章で詳細に触れて頂きますが、大人が学べるほどの衝撃的な思いが、子ども達から返ってくるのです。

一方で子ども達自身は、大人にも衝撃を与えるような命への思いを、自分達の心に内包していることに気づいていません。心の中から引き出す場を提供して初めて、そのことに気づき始めます。私はこんな思いも持つのです。大人から見て、子ども達は気づいていないと受け取れる命の大切さの意味は、既に、子ども達の心に内包している当たり前の意味であって、それだからこそ、普段は言葉に出さないのかも知れないと。私は、

子ども達と直接触れ合う中で、心から感じるのです。私は、授業の冒頭で、この体験と私の気づきを分かり易く伝えていきます。

この対話の詳細については、第三章に譲ります。

心の中から引き出す

三つ目です。

「今日の授業では、私が命をどう思っているかを語るというより、皆さんが命に対してどう思っているのかを、皆さんの心の中から引き出す授業とします。命に対する自分自身の受け止め方、そして、お互いの命に対する受け止め方の違いにも、しっかり触れ、命に対する考え方を、より深くしていってください」

一つ目と二つ目の思いに触れていた子ども達は、この話をした途端に、『話していることは分かったよ』と、大事なことに気づけたという表情を見せ始めます。早く次の話を聞きたいという表情に変わっていきます。子ども達の心の窓が大きく開いた瞬間です。子ども達の心の中から引き出す授業とした背景には、先に記述しました、『命とは何だと思うか？』という問いかけに対する、子ども達からの答えがありました。子ども達は、教え、伝え、理解させなくても、既に、心の中に自分なりの命に対する意味を感じ取っている姿を見せてくれたのです。教え、伝え、理解させようとする前に、子ども達が心に内包している大事な思いを、自ら引き出す機会を与えることこそ、語り手の責任だと、私は気づいたのです。そして相互に命に対する受け止め方を発言し合うことで、子ども達は、命の意味をより深く、広く、心にとどめ始めます。

私に大きな気づきを与えてくれた一冊の文献です。その一節をご覧ください。

『ゲノムの中には、人間の無限の可能性が秘められているはずです。音楽の才能も、数学の才能もみんなそこに隠されている。でもそれはすぐにはわからない。誰かが発見し、引き出さない限り、見えるものではないからです。』（出典：多田富雄　柳澤桂子『いのちへの対話　露の身ながら』集英社文庫　２００８年）

これは、免疫学者の多田富雄が遺伝学者の柳澤桂子との手紙のやり取りの中でつづった思いです。この手紙の中にあるゲノムを、あくまで私の捉え方でありますが、心と置き換え捉えてみます。そうすると、多田富雄が言う才能は、子ども達の心に内包する命への思いと、素直に重ねることができるのです。

私は授業を進めていく中で、子ども達から発せられる命への思いがそれぞれ違うことに対して、真摯に向き合っていくことを心の中に置くようにしています。そして、子ども達と、「命への感じ方は皆違いますね。違うけど、皆、素晴らしいものですね」と、違い及び違いの大事さについて共有していきます。こうすることで、子ども達は大事なことに気づいていきます。子ども達の手紙をご覧ください。

『私は、今まで習ってきた命の授業では、自分が考える命と、他の子が考える命が違うと、自分の考えを捨て、他の人たちの答えや授業でまとめた答えが正しいと思っていました。でも、今日の授業で、人それぞれ命に対して思う気持ちは違い、間違いはないと分かりました』

『お話を聞かせて頂いて、「いのちとは教えるものでも、伝えるものでも、理解させようとするものでもない」というフレーズが一番心に残りました。今まで聞いた命の話は、「命とは大切なものだから、大事にしないといけない」ということを教えるものばかりでしたが、若尾さんのお話はそうではなくて、そんな言葉は使わずに、命の大切さを感じられるものだったと思います』

このような思いをつづった手紙が全国の子ども達から数多く届いています。全国から届けられた4万通を超える手紙の中でもひときわ目立つ数となっているのです。

命に関する視点でつづられた子ども達のこれらの手紙を通して、画一的な考え方の共有、場合によっては押しつけと受け止められるような場が多いことが想定され、子ども達の自己肯定観がいかに抑えられ、自ら考える姿が抑制されてきたかを感じるのです。

そして、このことは、大人社会が要因となっていることに気づくのです。教育機関をはじめとした多くの場で、自己肯定観が薄くなっている子ども達の状況が伝えられています。私は思うのです。子ども達のその状況を変えていこうとする前に、私たち大人社会のあり方を変えていくことが先ず、求められなければならないと。全国の子ども達から届いた数多くの手紙の共通した要点をまとめました。次のような内容となります。

『今まで、人権や、道徳や、命の場に触れていた時は、一つの答えを見出そうとして、お互いに話し合っていた。それが普通の場であり、取り組む姿勢であり、正しいやり方だと思っていた。だけど、皆命に対する受け止め方は違う。違うけど、皆大事なものだ。それぞれが心の中に持っている思いを分かち合い、より自己の人生を豊かなものにするための気づきを持ち合いたい』

心の窓を開くことで、命に対するそれぞれの受け止め方は違うが、皆大事なものであることに気づき、そして、分かち合うことの喜びの姿が表現されているように思います。

私は過去に触れた二人の方の文献からの気づきを、この体験と重ね合わせて、今振り返っています。一人は、宇沢弘文先生です。経済学者でありながら、社会的共通資本という概念で、社会的事象全般に意識を持たれ、経済のみでなく学校教育のあり方にも強い関心を示され、豊かな社会の実現に貴重な示唆を提供された方です。このような思いをつづっています。『教育とは、一人一人の子どもがもっている多様な先天的、後天的資質をできるだけ生かし、その能力をできるだけ伸ばし、発展させ、実り多い、幸福な人生をおくることができる一人の人間として成長することをたすけるものである。』（宇沢弘文著書：『社会的共通資本』岩波新書　２０００年）

個々の違いを認め合い、活かすあり方が、それぞれの幸福に結びつくことを示唆した貴重な言葉として受け止めております。

更にもう一人、多くの方に親しまれている詩を書かれた金子みすゞです。

私が両手をひろげても、
お空はちつとも飛べないが、
飛べる小鳥は私のやうに、
地面《ぢべた》を速くは走れない。
私がからだをゆすつても、
きれいな音は出ないけど、
あの鳴る鈴は私のやうに、
たくさんな唄は知らないよ。

鈴と、小鳥と、それから私、
みんなちがつて、みんないい。
『金子みすゞ全集』（金子みすゞ著　ＪＵＬＡ出版局　１９８４年）

「私と小鳥と鈴と」は、みんな違う存在だけど、みんな素晴らしい個性を持っている。視点を変えれば、全ての命は、それぞれが素晴らしい個性を持った存在であることに気づけることを示唆していると、私は受け止めております。

この詩で歌われていることと、私が「いのちの授業」の中で気づかせて頂いた、『子ども達はそれぞれの個性と資質を有していること。そして、その個性と資質は他にない素晴らしいものである』という事実と、思いが重ね合ってくるのです。

私達は目に見えないものを含め、自身の心の枠の中で物事をとらえ、評価する世界を作ってしまっているように思います。金子みすゞは、全ての存在、出来事に、それぞれなりの大切な意味があり、更に目に見えない力でつながっていることに気づいた、数少ない人であったように思います。

子ども達が既に心に内包している先天的、後天的な資質は多様性を有していること、だからこそ、命の場を子ども達に提供する時には、どのような話であっても一律的な、また、一方向的な語りではなく、子ども達の命に対する思いの多様性を受け止め、心の中から引き出す、それに応えられる場としての語りが必要となってくるのだと改めて感じます。子ども達の心の窓を開くための語り手としての大事な姿勢だと、私は受け止めています。

第三章　授業の実践　その一

・「いのちの授業」の構成
・子ども達からの学び
・何気ない日常に見る命のささやき

子ども達のいじめ、不登校、自殺をなくしたい。これらの願いから立ち上げた「いのちの授業」。この章では、「いのちの授業」の狙いと実践（前述の詳細説明を含む）をご紹介します。それと共に、授業に触れた子ども達がどのような受け止め方をしたのか、授業の中での出来事、又、手紙につづられた心の叫びを通してご紹介します。

「いのちの授業」の構成

初めに「いのちの授業」の基本構成についてご紹介します。授業は、ここでご紹介する基本授業を主体としておりますが、学校の要請を受け止めさせて頂きながら、それぞれの授業プログラムを構成する形を取っております。それは、子ども達の置かれている状況を一番理解されておられるのが先生方だからです。学校から特に要請がない場合は、予め用意している基本授業を行うことにしていますが、子ども達の成長や発達段階を考慮した授業を構成し、実施することを基本としています。また、学校でご用意頂く器材はパソコン、プロジェクター、スクリーン、マイク、スピーカー、ＤＶＤプレーヤー、ホワイトボード等ですが、事前に詳細について打ち合わせをお願いしております。

ここでは基本授業についてご紹介いたします。次の図「基本授業」をご覧ください。

この授業は、〝子ども達からの学び、何気ない日常、そして、心の瞳で生きる〟、の三

＜基本授業＞

	15分	30分	45分
テーマ	・命への思いはそれぞれ ・心の中から引き出す命 ・子ども達が主役 **子ども達からの学び**	・心の成長 ・生きる意味・価値・力 ・出会い **何気ない日常**	・今を生きることへの感謝 ・生きる視点 ・気づきの心 **心の瞳で生きる**
狙い	子ども達からの学びを反映した授業 命への思いを、皆心に有している 命は教えない、伝えない、理解させようとはしない	私たちの命は出会いから始まる なぜ、命は大切か 生きる意味、それは心の成長	目には見えない大切なことに気づく命の力 命の視点は人それぞれ 悲しみ、苦しみの中にあって、なお気づく感謝の心
仕組み	スクリーンに映し出した画像を見ながら説明、対話を進める（マイク使用）。		スクリーンに映し出した文章を読んでもらい、対話を進める。

つのテーマを設定しています。

テーマごとに更に三つのサブテーマを位置づけ、それぞれのテーマの狙いを、上記の図でご覧頂きますように明確にしております。

授業の展開の仕組みにつきましては、スクリーンに映し出した画像、また、映像に沿って対話をしていきます。

この時、子ども達の中に入り、マイクを向けながら質問したり、意見を聞く形を取っています。

これから一つ一つ、その実践経過をひも解いていきます。

子ども達からの学び

授業の冒頭、私は子ども達に心を開いてもらうために、幾つかの話をしていきます。「第二章　子ども達の心の窓を開く」で記述しました、次の三つのテーマとなります。

・子ども達が主役
・自分自身への気づき
・心の中から引き出す授業

実は、これらのテーマは、私が自ら考え出したものではなく、子ども達から学んできたテーマなのです。子ども達から届けられた手紙、授業の中で子ども達が発した言葉、行動、振る舞いから、私が気づかせてもらったものと言ってもいいかと思います。私は授業に入る前に、「皆さん、こんにちは。『いのちの授業』を実践している若尾です。宜しくお願いします」と、先ず簡単に挨拶をしてから、次の話をしていきます。

一　子ども達と共に学ぶ授業

「今日の授業は、皆さんが主役です。私はメッセンジャーとしての脇役です。皆さん自身が考え、気づいてもらわない限り、私がどのような感動的な話をしても、皆さんの心の中に届けることはできないと思っています。自ら考え、気づき、発言していくことで、命の思いにしっかりと触れていくことができるのだと私は思っています。これから皆さんと一緒に作り上げる授業にしていきます。皆さんなりに考える場としてください」

そして、話を続けます。

「これから、『いのちの授業』に入っていきますが、皆さんは『いのちの授業』と聞いて、どんな印象や思いを持っていますか。これまで全国の生徒さんから届いた手紙を見ると、『これまで、命や人権や道徳の話を聞いてきたけど、中には、自分の考え方を一方向的な語り方で伝えてくるような場がありました』といった手紙が数多くありました。皆さんはどう思っていますか？」

子ども達はまだ緊張しているせいか、答えが返ってきません。私は、話を続けます。

「もし、大事な話であることを理由に、理解してもらおうと一方的に私が語り始めたらどう思いますか？　どう感じますか？」と問いかけた時、子ども達の顔が曇り始めるのです。やはり、この子ども達も、今まで手紙でつづられていた思いと同じような思いを持っているのだなと感じるのです。

「皆さん、口には出さないけど、その表情から、おおよその思いを受け止めることができました。私は、全国の生徒さんからの手紙を通して、『聞くだけの場から、自らが考え、参加する場としての授業や講演を望んでいる』ことを学んできました。授業を立ち上げたばかりの時は、自身の思いや価値観を語り続ける形を取っていたのです。そのような中で、子ども達から届いた大切な気づき、この気づきは大事にしたいと思っています。だから、今日の授業は語り続ける形はとりません」と、話します。

このような対話をすることで、子ども達は自分自身が主体となって関わる授業、『自ら考え、自ら気づき、自ら発言する場』に次第に心をゆだねていくのです。ここで、子ども達からの手紙をご覧ください。

『ぼくは、この『いのちの授業』を受けて、まず、いのちとは無理におしえられるのではなく、自分たちが理解して進めていって、いつもとは少し形のちがう授業を受けられて、とても楽しかったです』

『今まで受けてきた命についての授業は、先生が、命は大切だと言い続けて終わるような一方的なものばかりで、今回もまた、一方的で、ひたすら先生の考えを聞くというような講演なのかと思っていました。しかし、実際は全然違って、私たちの意見を尊重してくれたり、生徒が積極的に参加できるような形式だったので、色々な事を考えながら、授業を聞くことができました』

更に話し掛けていきます。

二　自ら気づく命への思い

「今日の授業は皆さんに教えたり、理解させたりするような形は取りません。皆さんの心の中から引き出す授業とします」

　子ども達の表情はまた大きく変わっていきます。

『教えてくれないのはどうしてなのだろう、引き出すって、どうするのだろう』という表情に変わっていくのです。

　ここで、私は子ども達に質問をします。

「みなさん、命が大切だと思っている人は手を挙げてください」と。どの学校でもすべての子ども達が手を挙げてきます。ここまでは予定通りです。ここで更に質問をしていきます。

「皆さんは今、命は大切だと手を挙げてくれました。では、もう一つ質問をします。では、なぜ、命は大切なのですか?」

　手が挙がってきません。表情から戸惑っている様子が分かります。この時、今まで、「なぜ命が大切か」という投げかけが、あまりなかったことも見えてきます。

　そこで、次のように話しかけます。

「皆さんは、今、全員が命は大切だと手を挙げてくれました。なぜ、命は大切なのか、難しく考えずに思ったこと、考えていたことを話してください」と。

そして少し考える時間を置いてから、「皆さん、いかがですか?」と、問いかけます。この問いかけを聞いて、子ども達が次第に手を挙げ始めます。私はすかさず手を挙げた子ども達にマイクを向け、話を聞きます。多い時は10人くらいに話をしてもらいます。

子ども達はそれぞれの思いを話し始めます。

「親からもらった、たった一つのものだから」

「お金に換えることができないものだから」

「失えば二度と戻らないものだから」

「他のものに換えることができない最高のものだから」

「すべてに平等に与えられる唯一のもので、希望だから」

「神様からさずかったものだから」

等々、様々な思いが返ってきます。

私は、続けて、「皆さんは、すぐに質問に答えることができませんでしたが、恐らく、なぜ命が大切かという質問には、あまり接してこなかったのだろうと思います。だから、皆さんは、なぜ命が大切かということについて、あまり考えてこなかったように思います。だけど、こうして皆さん方に質問をすることで、皆さんの心の中から、それぞれが既に心にあった大事な思いが、言葉になって出てきましたね。既に皆さんが心の中に持っているけれど、気づいていなかった大事な思いを引き出すこと。これを実践するのが、『いのちの授業』です」

子ども達は、自分達が既に心の中に、命への、或いは生きることへの大事な思いを有している一人ひとりだということに気づき、だからこそ、心に内包しているけど、気づいていなかった大事な思いを引き出す場が提供されることが、自分達にとって重要な場となることに気づいていくのです。子ども達の表情が次第に穏やかになっていきます。

ここで、子ども達からの手紙をご覧ください。

『今日、朝にいのちの授業があると言われた時、どうせ、分かり切ったことを話すんだろうなと思っていたら、想像と違っていて驚いた。最初に命については教えるものじゃないと言われた時は、どういう意味だと思ったけど、生徒に質問したり、実際に前で色々なことをすることで、自分達で考える授業で、いつもより深く考えられて、とても有意義な時間になった』

『僕は今まで、人権集会や人権学習の時間で「いのち」という事を学んできました。しかし、今までの自分にあった「いのち」というものが色々な人によって作られたものであって、自分が思う命ではなかったことに気づきました。だから、これから新しい自分の思う「命」について考えていこうと思いました』

三　命への思いはそれぞれ

私は以前から大切な気づきを持つことができていました。それは、命が大切だということについては皆同じですが、なぜ大切なのかについては皆思いが違うということです。

私は子ども達に語り続けます。

「皆さん、今、皆さんが答えてくれた思いは、皆違いましたね、思いが近い人もいましたが、微妙に違いがありましたね。今まで私は数多くの学校で、生徒さん方に、この質問をしてきましたが、全く同じことが起きていたのです。皆、違う思いを語ってくれたのです」

振り返ってみますと、小学校4年生以上であれば答えられるだろうと、心の中で思いながら投げかけてきた、「どうして、命は大切なのですか？」と言う質問。この質問を、低学年の子ども達に投げかけてみたら、どういう答えが返ってくるのだろうか、私は、ある時、ふっと思ったのです。今まで何万人もの子ども達にこの質問を投げかけてきていた中で、子ども達の持っている命への思いが想像を超えるものがあることに、気づき始めていた時期でもありました。

全国、複数の小学校で私は思い切って、小学校1、2年生に、「命は何だと思いますか？」と、質問をしてみたのです。この時は、『どんな答えが出るのだろう、言葉足らずの答えが出てくるかもしれない、その時はどんな話を子ども達にしたらいいのだろう』、等々、心の中で色々なことを思いながら質問をしてみたのです。

子ども達は、少しの間、考えていました。そして、次のように答えてきたのです。

「僕は、命は心だと思う」

「私は、神様からいただいたものだと思います」

「命はかけがえのないものだと思います」

「私は、命はきずなだと思います」

「お父さん、お母さんからもらった、たった一つのもの」

そして、次に語られた思いに、私自身、大変大きな衝撃を受けたのです。こう答えてきたのです。

「僕は生きる意味が分かった。本気で生きることだよ」と。

私は、子ども達の思いに触れ、その時、はっと思ったのです。ごく一部の小学校1年生だが、このような思いを既に心の中に持っている。命への思いは、年齢は関係ないのかも知れないと。幼い児童だから命のことは分かっていない、何も考えていないだろうという見方をしていた私の認識が、完璧に打ち砕かれた瞬間でした。

又、発言してこなかった子ども達を見ると、なんと、穏やかな笑みを浮かべた表情を見せているのです。この理由はしばらく後で投げ掛けた質問で分かってくるのです。

この体験で得た事実を多くの人に触れてもらいたい、知ってもらいたいと、私は心の奥底から思ったのです。おそらく、多くの人達が、『幼い子ども達は、命と触れる体験が少なく、考えることもあまりなく、表現する言葉もあまり持ち合わせていないので、命に対する思いを語ることは難しいだろう、だから教えなくてはならない』という受け止め方をしているのではないでしょうか。

しかし、幼い子ども達の心の中にも、命に対する思いが既に芽生えていること、いや、もしかすると、人は生まれながらにして命に対する思いを有しながら生まれてくるのではないかと、思えてならない状況に触れたことで、命の神秘さと深淵さを心から感じることができました。だからこそ、教え、伝え、理解させる命ではなく、自ら考え、気づき、自らの心の中から引き出す命としなければならないと、私は心から思えたのです。

この時の結果を踏まえながら、私は高学年の授業の中で、「皆さんこの図を見てください」と、小学校1年生が答えた言葉を記載した、次の図を見てもらう場を設定しています。

「これは小学校1年生に、皆さんと同じ質問をした時の答えです。皆さんこれを見てどう思いますか」

子ども達は、言葉には出せないという表情を見せてきます。驚きの表情の中に、併せて目の輝きも見せてくるのです。そして、『すごい』、『こんな言葉では言えない』等の

小学校一年生

お父さん、お母さんから
もらった、
たった一つのもの
かけがえのないもの
こころ
きずな
いのち
ぼくは、生きるいみが分かった
本気で生きること
神様から
いただいたもの

子ども達が持っている心の力

言葉が口々に出てきます。

私は語り続けます。

「どうですか、皆さん、皆さんと同じように皆違う思いを持っていますね」と。

子ども達は、自分達だけでなく、幼い子ども達も、皆違う思いを持っていること、そして、それらが皆すばらしい思いであることに触れていくのです。この時、大事なことに気づけた、という表情が多くの子ども達に浮かんでくるのです。

小学校1年生の子ども達から、このような思いが伝えられてきたことに、私自身も、あまりの驚きで、何が起きたのだろうと、思うほどの衝撃を受けたことを思い出します。

もちろん、答えてきた子ども達は、ごく一部の子ども達です。しかし、一部の子ども達であっても、既にこのような命への思いは、恐らく誰からも教えてもらうのではなく、周りの人や出来事に触れて自ら気づき、感じていたことなのだろうと推察できるのです。他の子ども達にも、一部の子ども達が答えた言葉を知っているのか聞いたところ、複数の子ども達が、「知っています。その意味も何となく感じています」と答えてきたのです。

既に、子ども達の心に内包している命への思いに触れて、命に対する思いに関しては、年齢を超えた次元で受け止めることの重要さを、私自身が学んだ瞬間でした。更に、小学校2年生からも、1年生同様、いや、それ以上の心を揺さぶられる答えが返ってきたのです。

この時のことを踏まえて、私は子ども達に、「小学校2年生からの答えです。次の図を見てください」と、話しかけていきます。

予想していた通りの言葉が2年生からも返ってくるのです。私は、子ども達に語りかけます。「小学校2年生に至っては、さらに命に触れる深い思いが語られてきます。大人でも言葉に出せないような思いが語られてきます」と、続けます。これに触れた子ども達は、1年生の思いに触れた時よりも、更に驚きの表情を見せ、目を輝かせながら、図を見つめ始めます。

小学校二年生

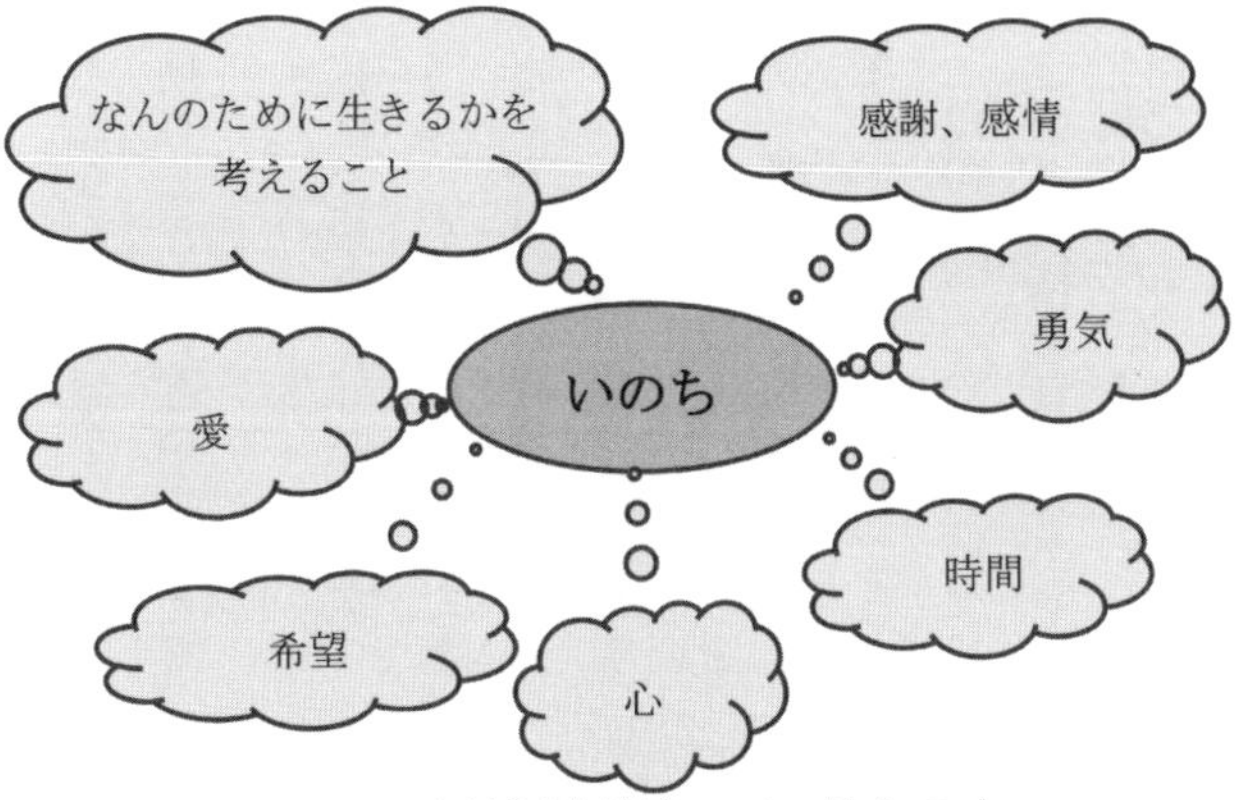

子ども達が持っている心の力

　私は、子ども達に、1年生の答えに触れてもらった時と同様に、答えてきた生徒さんは、ごく一部の生徒さんに限られること、また他の子ども達も、一部の子ども達が答えてきた言葉を知っていたことを伝えていきます。

　2年生の答えに触れた子ども達の顔からは、しばらくの間、なんとも言えない表情が残り続けます。

　子ども達は、この時、それぞれ自分なりの気づきを持ち始めます。授業の後、子ども達から届いた次の手紙をご覧ください。

　『このいのちの授業で、命は、人それぞれ、ちがう考え方があることが分かりました』

『いろんな人の感想を聞いていたけど、みんないろんな感想を書いていて、だれも感想が同じじゃないということで、これからの生き方について考えました』

私は続けて話をしていきます。

「みなさん、もう気づきましたか。この授業は、私が命について教えたり、理解してもらおうとしたりする授業ではありません、と言った訳が。皆さんは、今、命への大事な思いを心の中に既に持っています。そして、皆、すばらしい思いなのです。そんな皆さんに、私の考え方を語ったり、押しつけたりするようなことはできないのです。だから、教えたり、理解してもらおうとしたりすることはしないのです」

ここまで、どういうことだろうという顔をしていた子ども達は、この時、『そういうことだったのか』という表情を見せ始めます。中には、笑みを浮かべて、もっと話を聞きたいという表情を見せる子ども達もでてきます。このように、今まで気づいていなかった自分自身の心の中に触れていくことで、少しずつ心の窓が開き始めていくのです。子ども達は、既に心の中に命への大事な思いを持っていること、その思いは皆それぞれ違うけど、すばらしい思いであることに気づいていきます。そして、だからこそ、誰かに命とは何かを教えてもらうのではなく、先ず、自分の心の中にある命への思いを、引き出すことが重要なのだなと気づき始めるのです。

そして、幼い子ども達の中に、自分達よりも命への深い思いを持っている子ども達がいる。自分達も幼い時期には同じような思いを持っていたに違いないと思い始めます。

その時、「忘れていた大事なことを思い出す」ということに気づいていくのです。子ども達が接してきた授業、講演の中には、一方向的に聞き続ける形での場や、命は大切という概念を主体に語り続けられるような場があることを、手紙で伝えてくれています。

もちろん、一方向的な語りを否定するわけではありません。自身の体験や思いを真摯に語り続ける授業や講演も意義あるものと受け止めております。一方で、命に関しての授業や講演のあり方については、子ども達は上述した手紙でつづられたような思いを伝えてくるのです。全国の子ども達からは同様な手紙が数多く届いています。

私も「いのちの授業」を立ち上げた頃は、しばらくの間、一方向的に語り続ける授業を行っていましたが、全国から寄せられた子ども達からの手紙や、授業の中での子ども達の思いに触れ、授業の形を大きく変えていったのです。

「命に関しては、もう沢山のことを知っているよ、もっと命の根幹に触れることを聞きたいよ、今まで命のことは教えてもらうものだと思っていたけど、大事な事は自分で考え、気づくこと。そのために自分の力だけでは難しいので、引き出してくれる人がいること。本当にそう思うことができた」という趣旨の手紙が全国から、数多く寄せられています。次の手紙をご覧ください。

『授業の初めに、若尾さんが言っていた「命について教えてもらったり、無理矢理、頭で理解しようとせず、みんなで授業を作る」ということです。私は、正直、「命は大切で、一つしかないから、これからも大切にしよう」と言われる授業だと思っていました。ですが、今回の授業は違い、命について自分事として考えるものでした』

『「生命」とは共通して、「大切なもの」であって、でも、その内容は目に見えるものであったり、違っていたり、個人個人ばらばらであって。一番自分たちの身近にあり、最初から最後の死ぬ時まで、ずっと付きまとうのに、これほどまで、多くの表現があるとは奥が深いと思いました』

これらの手紙から、多くのことに気づくことができます。限られた範囲、限られた意味の中で命に触れてきた場があったこと、又、一人ひとりは違う考えを持つからこそ大切な存在だということ、そして、教えてもらうのではなく、自ら気づく命であることを。

今まで自分自身の心の中にあった命への思いを引き出し、自分自身の存在意義に触れていくことで、自己肯定観を育み始め、それだけではなく、考え方が違う一人ひとりの存在意義に触れ、その素晴らしさに触れていきます。そして、自己肯定観をしのぐ、全ての存在と支え合う命としての相互肯定観に触れていくこと、自己肯定観を内包した相互肯定観に育まれた命の存在に子ども達は気づいていくのだと強く感じます。

・子ども達が主役
・心の中から引き出す授業
・命への思いはそれぞれ

これらの気づきを通して、子ども達は次第に心の窓を開き始めるのです。心の窓を開いた子ども達は、授業全般を通して、大事なことは聞き逃すまいと、心の聞き耳を立て始めます。こうして、「いのちの授業」に入っていく環境が作られていくのです。このように子ども達が心の窓を開いた後、本論に入っていきます。これから基本授業の構成内容に沿って、一つひとつ触れて頂きます。先ず、何気ない日常の中の出来事や物との触れ合いと命への気づきに、そして、命と向き合い、与えられた命を生き抜いた子ども達の生き方とその思いに触れていきます。心の瞳で生き抜いたことで、生と死に向き合った心の根幹を揺さぶる生き方です。

何気ない日常に見る命のささやき

前半の何気ない日常については、次のテーマを設定しています。

《何気ない日常》

・出会い

・生きる価値のない人はいない

・生かされる命

私たちは、日常の生活を当たり前のように送り、当たり前すぎることで、毎日触れる人、出来事、物に関心を示さなくなっているように思えてなりません。何気ない日常の中に、命の思いに触れられる沢山の生命、出来事、物があることに気づけば、今まで以上に命の意味、命の価値、命の力の根幹に近づいていけるように思います。

こんな声が聞こえてきます。「何か特別な出来事に出合わなければ、命の大切さに気づくことができない」と。もちろん、特別な出来事に触れることで、命の深さ、偉大さに触れることはできるでしょう。一方で、特別な出来事に出合わなければ、命の意味や価値に気づくことができないと思っている間は、日常の中にある命からの大切な気づきを、見落としてしまう生活を送ることになるのではないでしょうか。

誰もが毎日、何気ない日常に触れています。小鳥のさえずり、頬をなでるそよ風、青空を流れる白い雲……。これらに触れた時、私たちは、多くの生命の息吹に心が和み、自然が与えてくれる優しさに命を感じ、そして、人知を超えた、全てを包み込むような力を感じるのではないでしょうか。

心の窓を開けば、自分自身は一人ではなく、「数多くの生命や自然から生かされているのだ」と感じることができ、特別な出来事に触れた時と同じように、何気ない日常の中にも、命の持つ大事な思いに触れることができると、私は思うのです。そして、触れ合うすべてから大事なものを見出そうとする意識を持てば、心の窓を開く力を持っているということに、全ての人が気づいていくのだろうと思うのです。

何気ない出来事の根底には、日常の中で見出すことができる大事なものが、数多くあるように思います。大自然の中に身を置き、自然の優しさ、包容力、そして、命の循環に日常的に触れながら、これら、何気ない日常から気づいた思いを、地球環境保護活動に注ぎ、人を含む自然界の多くの生命を救い続けている人。このような人との出会いからは、命の視点で多くのことを学ぶことができます。特別な出会いではありますが、その根底には、特別な存在である人達が、何気ない日常の中で見出してきた、数多くの命への思いがあると思うのです。

何気ない日常にある大事なことに心の窓を開かずに、特別な出来事に触れても、特別な出来事の根底にある、より深い命への思いに気づけない状況も起きてくるのではないでしょうか。この視点に立って、「いのちの授業」では、何気ない日常に心の窓を開いてもらう場を初めに設定しています。

それでは、子ども達に心の窓を開いてもらうため、どのような話をしていくのか、ポイントを絞り、ご紹介していきます。

これからの話について、次のような話を子ども達に投げかけます。「皆さんに、これからお話しする事は、一つの事例として受け止めてください。また、都度、私の思いもお話ししますが、皆さんが自ら考え、気づきを持ってもらうためのもので、一つの考え方として受け止めてください」と。

次の章をご覧ください。

第四章　授業の実践　その二

・「出会い」から学ぶこと
・生きる価値のない人はいない
・生かされる命

「出会い」から学ぶこと

私たちの最初の出会い、家族と出会う瞬間はまさに命の始まりの時です。その後、私たちは何気ない日常の中で、様々な出会いを体験していきます。私は、「出会い」には、大変大きな意味があると感じています。ここでは、命の視点で「出会い」を見ていきたいと思います。何気ない日常の中で、当たり前であることで気づいていなかった、出会いの意味との触れ合いです。

授業の中で、子ども達と次のような対話をしていきます。

「皆さん。これから出会いということを考えていきます。出会いというのはどういうことだと思いますか？」

子ども達からは、まだ答えが返ってきません。続けて話しかけます。

「答え難かったかも知れませんね。それでは、質問を変えます。皆さんが、今朝、学校に来て、友達や先生と出会った時に、どんなことを思いましたか？」

更に、子ども達が気づきやすいように、

「今、毎日当たり前に起こることを聞いています。でも、その中に大事な思いが隠されているかもしれません。自分が感じた思いをそのまま話してみてください」

と、話を続けます。子ども達は次第に口を開き始めます。

「今日も一緒に遊べると思った」

「顔を見て安心した」

「おはよう、と言おうと思った」

「幸せを感じた」

「一緒に勉強できるから楽しみ」

等々、様々な思いが返ってきます。

私は話を続けます。

「たくさんの思いが出てきました。普段気にかけていないけど、大事な思いに皆さん気づきました。皆さんが普段の生活の中で、ちょっとしたことに気持ちを向けることで、普段気づかなかった大事なことに気づいていけるのですね」

「それでは、次の質問をします。よく聞いてください。皆さんが生まれた時に、最初に出会った人は誰ですか？」

子ども達は、『こんな当たり前のことを聞いて』と言った表情で、答えてきます。

「お母さんです」

「お父さんです」

「おじいちゃんです」

「おばあちゃんです」

等々の答え以外にも、こんな答えが返ってきます。

「従妹と会った」

「弟と会った」

など、「え、」と思う答えも出てくることがあります。

そしてもっと驚く答えもあります。

「私は生まれた時、自分と出会いました」

時々返ってくる答えです。何か命の不思議さを感じる瞬間でもあります。


対話を続けていきます。

「家族以外に出会った人はいませんか?」

子ども達は、けげんそうな表情を一瞬見せた後、答えてきます。

「お医者さん」

「看護師さん」

「病院の人」

答えが出終わった後、私は次のように話を続けていきます。

「それでは、皆さんに次の質問をします。皆さんが生まれた時に、お父さん、お母さんは、どんな気持ちでいらっしゃったと思いますか？」

続けて、私は次のように語りかけます。

「この質問には答え難い人がいるかも知れません。私はいままで、全国、延べ700校を超える学校で授業をしてきました。生徒さんの中には、お父さん、もしくはお母さんがいらっしゃらない人がたくさんいました。今の質問は、その立場にいる生徒さんには、辛い質問だと思います。だけど、皆さんは、ご両親の命を受け継いで生まれてきた一人です」

そして話を続けます。

「今、どのような生活、どのような思いを持っていたとしても、その生活や思いは命があるからこそ経験できるものです。皆さんの辛さを私は感じながらも、皆さんに、命を頂くという、この世で最も大事な出来事を、今一度思い出して触れてもらいたい、そんな気持ちで質問をしています。私も、皆さんと同じ年ごろの時、家族を続けて3人亡くしています。当たり前にいる家族がいないことへの悲しみや辛さを、私も感じています」

そして、続けます。

「命を頂くことの意味に触れて、家族の絆を今一度、感じてもらいたいと思います。そんなことを思いながら、皆さんに質問しています。どうか思いを受け止めて頂いて、命の根源に触れてくださいい。それでは、質問に答えてもらってもいいですか？」

と、子ども達の了解をもらってから再度、質問を繰り返していきます。このように投げかけることで、全ての学校の子ども達が、答えてもいいよ、という表情で「うん」と、うなずいてくれるのです。

子ども達からは次のような言葉が返ってきます。

「お母さんは、生まれて、ほっとしたと思う」

「生まれてきてくれて、ありがとう、と思ったと思う」

「やっと生まれてきてくれた、と思ったんじゃないかな」

「お母さんから、生まれてきてくれてありがとうと言われた時があります。私が生まれた時も、同じ気持ちだったと思います」

「かわいい子が生まれてきたと思ったに違いないと思う」

等々、様々な答えが返ってきます。

答えてくれた子ども達の中には、お父さん、或いはお母さんを亡くした子ども達がいることも、多くの学校の先生方から伺っております。

私は更に話を続けます。

「皆さんから、学校に来て思ったことや、皆さんが生まれた時にご両親が感じたことについて、お話をしてもらいました。さあ、皆さん、何か感じたことはありませんか？」

子ども達は、一生懸命考え始めます。人と人との出会いとはどういうことなのかと。

子ども達からは、なかなか答えが返ってきません。心と心の触れ合いに思いをはせること、それが何気ない日常の中で起きていることが、子ども達が直ぐに答えられない背景にあるように感じるのです。

私は、「それでは次のことに触れていきましょう」と、話を続けていきます。

「これから、話すことは、一つの見方です。皆さんが、皆さんなりに気づいてもらうために、一つの事例として話します」そして核心に近づく話をしていきます。

「一つの見方を紹介します。皆さんそれぞれの立場で考えてもらいたいための、あくまで、一つの見方です。出会いとは、『お互いにプレゼントを交換すること』、とみることもできます。そんな見方で、これから皆さんに質問をしていきます。自分なりに考え、答えてください。では、プレゼントとは何だと思いますか？」

子ども達は、一瞬惑いながらも、答えてきます。

「おもちゃじゃないかな」

「お金ではないかな」

「自分が大事にしているものではないかと思う」

等々の答えが出た後、話を続けます。

「皆さん、プレゼントとは物でもお金でもありません。では、何だと思いますか？」

子ども達は、はっと気づいたように、答え始めます。

「優しさじゃないかと思う」
「思いやりかな」
「助けてあげること」
「悩みを聞いてあげること」
「愛」

子ども達は自ら気づいた思いを次々と答えてきます。子ども達が気づいていなかったそれぞれの捉え方が、子ども達の心の中から引き出されてきたのです。

出会いの話に触れて、子ども達から次のような手紙が届いています。

『テーマが「出会い」になったとき、出会いは人からのプレゼントと聞いて、私は気持ちのことかと思いました。私は出会いがあれば別れがあると、小さいころから思っていて、正直、出会いなんてなければいいのにとか、出会ったって、みんなが仲良くなれるわけじゃない、と思っていたので、よい印象はありませんでした。でも、今日話を聞いて、互いに気持ちをプレゼントしあうことができるんだと思ったら、いろいろな人と出会い、いろいろな経験をしていきたいなと思いました』

『今まで、誰かと出会うことに特別な感情を抱いたりしたことがなく、「人との出会いを大切にしよう」という言葉にも、いまいち、ピンときていませんでした。しかし、この授業を通して、誰かと出会うことで、人に喜びや嬉しさなどの様々な感情を与えることができるんだと考えるようになりました。そして、人との出会いの尊さに気づくことができました』

その他にも全国の数多くの子ども達から、『出会いについては、今まで何も意識していなかったけど、授業を通して出会いの意味、価値に触れることができた』という気づきをつづった手紙が届いています。

生きる価値のない人はいない

「出会いとは何だろう、どんな意味があるのだろう」、子ども達との対話を通して、様々な思いが心の中から引き出されてきました。出会うことで交換し合うプレゼントについて、更に子ども達と対話をしていきます。私は話を続けます。

「皆さん、出会った時に交換し合うプレゼントについて、もう少し、触れていきましょう。皆さんからたくさんのプレゼントの意味が語られました。もう皆さんは気づいたようですね。プレゼントとは物でもお金でもなく、心のプレゼントなのですね」

そして、続けます。

「皆さんが生まれた時に、ご両親が感じたと思ったことについて、色々な思いを答えてくれました。皆さんがご両親に差し上げてきたプレゼントは、言葉を換えてみると、〝喜び、感動、生きる希望〟となると、私は思います。では皆さんがご両親から頂いた大事なものは何ですか?」

子ども達から、様々な答えが返ってきます。

「名前だよ」

「身体をもらった」

「愛をもらったと思う」

それぞれの思いが語られる中で、多くの子ども達が、大事なことに気づいたという表情に次第に変わっていきます。そして、「それは、命だと思う」と答えてくるのです。

私は話を続けます。

「皆さんの多くが発言した、ご両親から頂いたもの、それは命でした。いろいろなものを頂いているけど、その中で一番大事なもの、それは命ですね。命と表現した中に、身体や気持ちや心や、愛があるのですね。そして、皆さんはご両親に喜び、感動、生きる希望を差し上げてきました。皆さんは生まれた瞬間に、こんな素晴らしいプレゼントを差し上げてきた一人ひとりなのです」

ここまで話をしてくると、子ども達の表情が少しずつ変わってきます。『自分たちは、命を頂いてきたけど、両親が喜んでくれるプレゼントもしてきたのだな』と、穏やかな笑みを浮かべる表情に変わってくるのです。そして、子ども達の中から、「自分達は、生まれてきた大きな意味があるのですね」という衝撃的な言葉が出始めるのです。子ども達は自ら既に心の中に内包していた命の意味、価値を心の中から引き出し始めるのです。

私はすかさず、次のような話をしていきます。

「皆さんは、命の誕生を通して、皆さんなりに命のすばらしさに触れました。皆さんの命はご両親だけでなく、友達、学校の先生、そして地域の人達を含め、たくさんの人に心のプレゼントを差し上げてきたのですね。そして、皆さんからのプレゼントは、多くの人に生きる希望を与える、そんな大きな力を持っているのです」

そしてこの後、私は次の言葉で結びます。「皆さん、もう気づきましたね。皆さん一人ひとりは素晴らしい命そのものであり、生きる価値のある一人ひとりなのです。今、生きているだけで生きる価値のある人なのです。だから、この世の中に、生きる価値のない人はいないのです」

この話に触れて、全国の子ども達から次のような手紙が届いています。

『実は、私も自分が嫌いとか、そんなに必要とされていないんじゃないかなどと、よく考えてしまう人です。ですが、この授業の中で、要らない人はいない、また、この先生きていくかもしれない何千人、何万人もの人々の命を背負っているのだということが分かり、少しホッとしました。これから、自分のことを好きになれたらいいなと思います』

『前半で一番心に残っているのが、「生きる価値のない人間なんていない」というフレーズです。この言葉は、時々絶望のどん底に落ちる自分にとって、一番価値観が変わったと思います。今のいじめやSNSでの中傷、自殺などが増えている日本や世界にとって一番必要とする言葉だと思います。このフレーズが、日本の共通理念になってほしいと思いました』

『私は別に人生を止めたいと思う訳ではないが、自分には価値がないなと、よく感じています。私がいなくなることで悲しんでくれる人はいるだろうけど、困る人はいないのじゃないかと思っていました。でも、自分の命は22世代遡ると、1千万人の命のリレーによって繋がれたもので、自分は決して意味のない、価値のない人間ではないんだと、気づくことが出来ました』

生きる価値について、同様な思いをつづった手紙が、全国の数多くの子ども達から届いています。一人ひとりが置かれている様々な事情の中で、自分自身に価値が無い、或いは価値が無い人がいると思っている、あるいは思っていた子ども達が想像以上に数多くいることが見えてきました。この状況を見ると、人に価値を見出さない、あるいは自分に価値を見出せないことが、無意識の内に、いじめや、自殺などを引き起こす原因につながっていっているように思えてなりません。

何かをしなければ感じることができない価値ではなく、「生きているだけでも、価値があり、全ての命には価値がある」ということを、子ども達に気づいてもらうことは、大人社会の大きな責任だと感じています。そのために、存在そのものに価値があることを、子ども達に気づかせることができる社会でなければならないと思うのです。

生かされる命

私たちの命は、想像を超える大きな絆で結ばれています。祖先とつながり、また、子孫と延々とつながっていきます。そして、直接つながる命だけでなく、私たちが生きるために必要なすべての生命とのつながりがあることで、私たちの命は生かされています。

私達は自分自身の命のこと、或いは、生かされている命ということに、あまり関心を示すことなく日常生活を送っています。生かされている命に思いを寄せることで、自身の命の持つ意味や価値にも、関心を持つようになると、私は思うのです。

私は授業の中で、生かされている自分に気づいてもらう場面を設定しています。一部をご紹介します。ご先祖とのつながり、子孫とのつながり、そして、命を頂いているすべての生命について、子ども達と次のような対話をしていきます。

「皆さん、皆さんの命は多くの人たち、そしてたくさんの生命とつながっています。一緒に考えてみましょう」

そして、

「皆さんに命をくださった方は、10世代ほど前に遡ると、何人ぐらいになると思いますか？　おおよそでいいですから考えてみてください」と、投げかけます。子ども達は様々な答えを返してきます。

「100人くらいかな」

「私は500人と思います」

「僕は1万人と思う」

等々。

答えが出きった後、私は次のように話を続けます。

「今、皆さんがそれぞれの思いを答えてくれました。答えは、約2千人になります。少し昔に戻っただけで2千人近くになるのです。」

こう話をした時、子ども達の顔が、少しばかり驚きの表情に変わっていきます。

すかさず次の質問をしていきます。

「では、今の約2倍、22世代ほど前に遡ると何人くらいになると思いますか？」

多くの子ども達は、先ほどの答えを参考に、

「大体5千人だよ」

「僕は3千人と思う」

「いや、4千人だよ」

と、先ほどの倍近い人数を答えてきます。私は子ども達に語り続けます。

「みなさん、2倍近い人数を答えてきましたね。気持ちは分かりますが、実はもっと、もっと大きな数です。驚かないでください。実は1千万人を超えるのです」

この時、子ども達の驚きは頂点に達します。今まで触れてこなかった視点で命に接し、それも想像を超える数の多さに驚きの表情を見せてきます。高校生でも、このような見方をしてこなかったと、その場で発言が出てくるのです。これらの発言から、子ども達は、『頂いた命』の意味を概念的に知っていても、具体的な重みに触れる機会が少な

かったことを示しているとうかがい知れるのです。

私は更に多くの子ども達が触れてこなかっただろう視点に気づいてもらうために、次の話を続けていきます。

「皆さんに命をくださった方々の数は、想像を超えるほどの数になります。では、この中の一人でもいなかったとしたら、皆さん、今ここにいると思いますか？」

子ども達は、

「一人でも欠けたら、僕は今、ここにいないよ」

「私の命はなかったと思う」

「一人でもいなかったら、僕の命はなかったから、生きていることは奇跡だと思う」

と、更に新たな視点で命と触れ合っていきます。

私はさらに話を続けます。

「今、皆さんに、ご先祖様に対する視点で命に触れてもらいました。今度は見方を全く変えます。皆さんが、自ら命を絶ってしまったり、あるいは誰かの命が奪われたりした時、どうなりますか？」

子ども達は、『え、そんな見方はしたことがないよ』という表情を浮かべながら、考え始めます。しばらくすると、新しい視点で命に触れたことで、納得したような表情を見せ始めます。

私は続けて語ります。

「一人の命が無くなるということは、その瞬間、その人の後につながる、1千万人の命が無くなるということです」

この時、子ども達は、一つの見方ではありますが、命の重みに具体的に触れたことで、新たな気づきを持ち始めます。今まで、『命は大切』という言葉に触れてきていても、命の意味、価値などに、子ども達が具体的な形で触れる機会が少なかったことを、この場からも、うかがい知れるのです。『命は大切』という言葉の概念も大事ではありますがそれだけでは、命を大切にする具体的な意味や思いが伝わらないと思うのです。様々な場で、その場から気づく、命を守る具体的な意味を見出せなくなることで、命を守ろうとする強い意志が創出されてこないように思うのです。

子ども達から次のような手紙が届いています。

『お話を聞く前は、命はただ大切なだけかと簡単に思っていました。お話を聞いたら、命のことをより深く知れました。特に、最初のほうに出てきた、命とはどういうものかと質問されたときには、すごく考えました。ですが、全部のお話を聞いた後には、愛や親からもらった命など、さまざまなことが分かりました』

『「命」がとても大切だということは、よく分かっていますが、どうして大切なのかなど、命がある大切さを改めて知ることができました。そして、「命」がある意味は何かということを考えることができて、本当に良かったです』

『これまで命というものは「大切」という固定概念で生きてきました。だけど、お話を聞いて、「大切」というだけの固定概念は、また違うものに変わりました。「時間」だったり、みんな一人ひとり意見も違う、顔も違う、性格も違う、これは、多分一人ひとりのご先祖様が残した、皆さんへのメッセージかと僕は思いました』

子ども達は、命は大切、かけがえのない命、幸せに生きる等々、寧ろ、概念的な言葉を主体に触れてきていることが、頂いた手紙を通してうかがえます。なぜ、命は大切なのか、なぜ命はかけがえのないものなのか、幸せに生きるとはどういうことなのか、等々、いのちの根幹に触れる機会の少なさも感じ取ることができるのです。授業を通して、そして子ども達からの手紙を通して、命や生きる意味の根幹に触れていく場を、子ども達に提供することの重要さを改めて気づかせてもらうことができました。

命のつながりは絆そのものです。絆の持つ力を分かり易く体験してもらう、もう一つの場を設定しています。子ども達にお手伝いをお願いして、次のような場を体験してもらっています。5人ほど前に出てきてもらい、横に並んで手をつないでもらいます。

「この形は、一つの絆の姿ですね。でもこの形では一か所手を放すとつながりが切れてしまいます。では、一か所手を放してもつながりが切れない形、姿は何だと思いますか？」

しばらく子ども達が考える時間を置きます。子ども達は直ぐに気づき、

「それは輪だよ」

「円だと思う」
・・・・
子ども達からの答えが出きった後、話を続けます。

「そうですね、輪ですね。輪だと一か所手を放してもバラバラになりませんね」

そして、輪を形成してくれた子ども達に問いかけます。

「今、輪になって感じたことはありますか？」と。

子ども達から返ってくる思いです。

「お互いに顔が見える」

「心が通い合った気がする」

「安心感が出た」

「端っこにだれもいない」

「横に並んだ時は友達の顔が見えなくて、何を考えているのか分からなかったけど、今は表情が見えるので、思っていることが何となく伝わってくる感じがする」

等々、輪を作ったことに対して、このような思いが伝えられてきます。

お互いに顔が見え、表情をうかがい知ることの大切さに気づき、更に音声だけでコミュニケーションを図る場合に、どのような点に注意すればよいか、子ども達は自ら気づき始めます。相手の表情が見えないことで、悪気がなくても、うっかり言ってしまう言葉の持つ影響に、しっかり心をつないでいくのです。

その他にも、自然環境との触れ合いの中で、生かされている自分を感じてもらう場面を幾つか設定しています。自然環境がもたらす数多くの恵み、太陽、空気、水、食べ物、等々、私達の命を育んでくれる多くの恵みについて子ども達と対話をしていきます。何気ない日常の中で、当たり前すぎて気づかない大事な出来事に、耳を傾ける大切さを、子ども達と共有していきます。

このようにして、子ども達が授業に参加し、自ら考え、自ら気づき、そして発言していく場を通して、子ども達は日常にある当たり前の出来事に、積極的に耳を傾けようとする心の窓を開いていくのです。

第五章　授業の実践　その三

・文字の中に見出す命
・私たちの身体を通して気づく命
・触れあう命

私たちは、目に見えるものを中心に物事のありようを捉え評価する世界を、気づかないうちに作ってしまっているように思います。他から学んだ概念的な捉え方を主体とすることで、自己の価値観にそぐわないものが否定され、そして、目に見えないものの存在を否定する心のあり方を気づかないうちに持ってしまっているように思うのです。目に見える対象だけでなく、心に内包している目に見えない対象にも気づくことが、今問われているように思うのです。

命に触れるということは、目に見えないものに触れることでもあります。心で触れる場は私たちの日常の中にたくさんあります。何気ない日常の中に、心で触れていることに気づかないことも多いのではないでしょうか。私達が生きる上で、本当に大事なことは、心で触れることで見えてくるように思うのです。

私は17年間授業を実践してきました。この間の多くの気づきを通して思うのです。子ども達一人ひとりは、心で物事に触れる力を持ち、また、気づかないうちに生きる上での大事な思いに触れ、それらを無意識の内に心の中に記憶させているのです。これに気づき、心の中から大事なものを引き出していくことで、一人ひとりの人生が豊かなものになっていくのではないかと思うのです。「いのちの授業」では、これらのことに触れてもらうための場を幾つか設けていきます。ご紹介していきます。

文字の中に見出す命

授業の中で、文字を通して命に触れてもらう場面を設定しています。学問的意味がある一方で、捉え方を変えると、それぞれの視点で、人生を豊かにする見方もあることに気づいてもらう為です。身近なものに心の目で触れる場面です。次をご覧ください。


子ども達に、問いかけていきます。

「皆さん、私たちの目はいくつありますか？」

ほとんどの子ども達が、

「目は二つ」

「二つあるのが当たり前だよ」

「顔にちゃんと二つあるよ」

「右と左で二つ」

等々、答えてきます。目は二つだというのが当たり前になっています。

そこで、次のことを子ども達にお願いをしていきます。

「誰かホワイトボードに目という漢字を書いてもらえませんか？」

書き終わったあと、次のような話をしていきます。

「みなさん、目という漢字を見てください。これから数えてもらいます」と。

次の図で示すように、数を数えていきます。

「升目を数えていきましょう。一つ、二つ」

ここまでくると、子ども達の中から、声が聞こえ出します。

「あ、目は三つあるんだ」

私は話を続けます。

「そうだね、目は三つあったね。では、三つ目の目は何ですか?」

子ども達は、口々に答えてきます。

「心の目だよ」

普段、気にもしていなかった目の存在を、しっかり思い出していくのです。続けて子ども達に質問をしていきます。

「皆さん、今皆さんは心の目と言ってくれました。私もそう思います。では、心の目で、何が見えるのですか？」

子ども達は様々な答えを返してきます。

「人の心が見えてくるよ」

「相手が思っていることが、分かる気がする」

「心の目では形は見えないけど、大事なことが分かる」

等々、様々な思いが返ってきます。

子ども達の心の中から引き出す場を作ることで、心の中に眠っていた様々な思いが発現されてきます。心の目の話に触れた低学年の子ども達から、次の手紙が届いています。ご覧ください。

『そして、あることに気づきました。前、目が見えない方が生活している様子のビデオを見て、なんで見えるみたいに動けるのだろうかと、思っていましたが、それは、心の目で見ていたからなのです。私たちは心の目の存在に気づいていません。でも、目が見えない人は心の目が見えているのです』

『僕は、授業に出てきた「目」が大事だと感じました。なぜなら、目には物を見るだけでなく、心を見る目があるからです。心を見る目は相手の心を知ることができます。そのため、上手に使えば、相手を傷つけることがなくなります。これから、僕は自分的に重要だと思った心の目を忘れずに、相手を傷つけないように努力していこうと思います』

『ぼくは、これからも自分の命も大切にしますが、人の命も大切にしたいと思います。そのためには、心の目をもって人とせっしたいと思います』

〝心は自分の力で育て、人のことを思いやり、そして、自分の力で実行する〟ことを本来の考え方とし、生きていてよかったと、喜びを表現しています。低学年でも、命への深い思いを持っていることが、よく伝わってくる手紙です。

次は、図柄を通して、命の意味に気づく場面です。

「皆さん、こちらを見てください。今から、皆さんが気持ちを一つにしている姿を図柄で書きます」

私は図柄をホワイトボードに書き出していきます。子ども達は、今度は何だろうという顔つきで、注目し始めます。まず次の図を描き出します。そして、「全員の数の線を描けませんので、四つの線しか描いていません。皆さん全員を表現していると思ってください。これは、皆さんが気持ちを一つにしている図と思ってください」

そして、続けます。「誰か、前に出てきて、お手伝いをしてください」一人に前に出てきてもらい、「今、描いた図の一部を消していってください」と、お願いをします。

対話を続けます。

「今、一部消してもらいました。皆さん、この図の下に円で囲ったところに何が出てきましたか?」

　子ども達は予想していなかった文字が出てきたことに驚きながらも、

「心という漢字が出てきた」

と口々に答え始めます。

　私は、

「そうですね、みんなが気持ちを一つにしている図の一部を消したら、心という漢字が出てきましたね。では、今、消してもらったところは、元はどうなっていましたか?」

　子ども達が答えてきます。

「線でつながっていたよ」

「全部、つながっていた」

　そこで私から、

「消したところは、今見えないけど、線でつながっていたのですね。皆さん、何か感じましたか? 見えないけど、つながっている、これが心なのですね。これが皆さんの本当のつながりです。皆さんは心でつながっていることを思っていってほしいと思います」

　そして話を結びます。

「見方を変えれば、たくさんの大切なものが見えてきます。今、皆さんの心を豊かにする一つの見方を紹介しました。他にも、見方を変えれば、命に触れることができる漢字がたくさんあります。どのような見方でもかまいません。皆さんなりの見方で触れてみてください。漢字だけではありません。皆さんが学校で学んでいる、他の色々な勉強の中にも、命に触れることができるものがたくさんあります。自分で探してみてくださ い」

更に、話を続けます。

「皆さんが普段見慣れている物事に目を向けてみてください。そして、今までと違った見方、自分なりの思いで触れてみてください。心の目でのぞいてみてください。きっと、今まで感じなかった、新しい大切な気づきに出合えると思います。自分から気づこうとする気持ちが大事なのだと思います。そして、皆さんの心を豊かにするものは、目に見えるものの中ではなく、むしろ目で見えない中にこそあることに、きっと気づけると思います。どうか、これから心の目でも周りをしっかりと見つめる時間を取っていってください。そうすることで、皆さんの心が、そして、人生が豊かになることを、私は心から願っています」

（『星の王子さま』：サン＝テグジュペリ　集英社　2005年）に、こんな思いがつづられています。

『みんなが探しているものはたった1本のバラやほんの少しの水の中に見つかるのに…』

私達は、自分の心を満足させるために数多くの場に接し、できるだけ多くのものと触れ合いたいと思う。そして、それが特別なものであって欲しいと思う。しかし、本当に心を豊かにするものは特別なものではなく、たった1本のバラの中、ほんの少しの水の中に見つかると言っているのです。心を豊かにするものは、私たちの顔についている二つの目では見えず、心の目で見ないと見えてこないと言っているように私は思うのです。

〝地位、名誉、お金〟という、特別な状態や物事に触れなければ幸せになれない、豊かだと思えない、このような思いに固執している間は、真の幸せには触れることができないように思います。この状況に置かれることで、他の人の心を傷つけてでも、〝地位、名誉、お金〟を持っている自身を誇示しようとする人が出てくるように思うのです。

心の目で物事に触れ、豊かな心を共有すること、そして、全ての生命がつながり支え合っている姿に気づくこと、これらを子ども達と共有したいと心から思うのです。

私たちの身体を通して気づく命

次に、私たちの身体を通して、分かり易く命に触れる場面を作っていきます。

次のような投げかけをします。

「皆さん、私たちの口は何のためにあると思いますか?」

子ども達からは様々な答えが返ってきます。

「自分の思っていることを言うため」

「友達と会話をするためだよ」

「相手をほめてあげる時も使うよ」

等々、それぞれ思いが返ってきます。


私は話を続けていきます。

「話す言葉には、たくさんの言葉がありますね。中には友達にうっかり言ってしまった嫌な言葉、そして友達を励ます言葉。口は人を傷つけることもあります。だけど、人に勇気と、喜びと、感動を与えることもできるものなのですね。同じ口でも、使い方によって、大きく違ってきます。人をいじめる口ではなく、人をほめたり、優しくしたりする口として使っていって欲しいと思います」

子ども達は、うなずきながら、こちらに目を向けてくれます。

次の質問をしていきます。

「では、次に、私たちの耳は何のためにあると思いますか？」

子ども達からは、それぞれの思いが語られます。

「小鳥のさえずりなんかを聞くためじゃないかな」

「今日みたいに、人の話を聞くため」

「危険な状態を音で感じるためだと思う」

等々、どうしてこんな当たり前のことを聞くのだろう、という顔つきで答えてきます。

私は話を続けます。

「今皆さんが言ってくれたように、耳は色々なことに使いますね。では、皆さんが言ってくれたもの以外に、何か大事なものを聞くことができないですか？」

今までの流れを感じながら、子ども達は少しずつ気づいていきます。

「分かった。相手の気持ち」

「友情」

「心だと思う」

子ども達から様々な答えが出た後、話を続けていきます。

「耳は二つだけではなく、目と同じように心の耳があるのですね。心の耳で聞けば、今皆さんが言ってくれたように、沢山の大事な音が心の中に聞こえてくるのですね。皆さんが感じた心の音を、これからも大事にしていってください」

この二つの場を通して、子ども達は、普段気にかけていなかった大事なことに気づき始めます。子ども達からの気づきをつづった手紙をご覧ください。

『僕は、いのちの授業を受けて、いろいろ、気づけなかったことに気づけました。目は三つあり、そのうちの一つである心の目、その心の目で相手の感情を読み取ることができるという役割があったこと』

『人には、目や耳、口など、意味があり、目は二つの目と、心の目、これは、心の目が一番だと気づきました。次に、耳は、確かに人の声だったり、音楽を聴くものだと思っていたけれど、耳は、相手の本当の気持ちを聞くものだと感じた。口は、やはり人にとって、大事なものだと感じた。なので、悪口とかを絶対に言わないようにしたいと思いました』

子ども達は、手紙にあるように、気づきの心に触れ、それを大切にしようと考え始めていきます。そして、色々な視点で物事を見ることで、今まで気づかなかった命の意味、価値に触れることができることに、思いをはせていきます。何気ない日常の中の、身近で分かり易い事例に触れることで、子ども達の気づきは増し、大事なことを思い出していくように感じるのです。

触れあう命

次に子ども達が身体を動かしながら、命に触れていく場面です、私から子ども達にお願いをしていきます。

「皆さん、ここで自分の身体を動かしながら命に触れていきましょう。それでは、隣の人と握手をしてみてください」

子ども達は、歓声を上げながら握手をし続けます。後ろの友達や、前の友達とも握手をし始めます。ほとんどの子ども達の顔が和んできます。しばらくして、私は子ども達に伝えていきます。

「皆さん、それではこちらを向いてください。握手をしてどうでしたか？　普段、皆さんは握手をすることもないと思います。今、握手をして、皆さんが感じたことを話してもらいたいと思います」

子ども達は、次から次へと答えてきます。

「手が暖かかった」

「すべすべしていた」

「少し湿っていた」

等々、感覚的に感じた思いが語られる中で、こんな思いも語られてきます。

「心が通い合った気がする」

「幸せを感じた」

「安心感が出た」

等々、心で感じたことを伝えてきます。

友達の命に直接触れることで、子ども達は、『命って暖かいんだ』という感覚的な面だけでなく『相手の命は自分の心に、大事な思いを届けてくれるものでもあるんだな』と、少しずつ命の本質に近づいていくように思えるのです。

次に聴診器を使った、命と触れ合う場面です。代表者10人前後の子ども達、そして数人の先生方に前に出てきて頂き、二人でペアーになって聴診器を使って、お互いの鼓動を聞いてもらう場面です。

「それでは、あらかじめ決めて頂いていた生徒さん、そして先生方、前に出てきてください。これから聴診器を使ってお互いに鼓動を聞いてもらいます」

と、伝え、聴診器を渡した後、

「皆さん、注意事項があります。心音は小さい音ですから、大声を出さずに、友達の耳のことも考えながら、静かに聞いてください」と注意事項を伝えてから、

「それでは、聞いてください」と伝え、しばらく様子を見ていきます。


子ども達全てが鼓動を聞くことができたかを確認して、

「それではみなさん、聴診器を置いてください。今皆さんに鼓動を聞いてもらいました。どんな音が聞こえたか、話をしてもらえますか」

ほとんどの子ども達が「ドクドク」と答えてくるだろうと、子ども達にマイクを向けていくのですが、子ども達からこんな答えが返ってきます。

「ドクドク、していた」

「ドンドンと聞こえた」

「何も聞こえなかった」

「ゴーゴーといっていた」


等々、ほとんど同じ音と思える鼓動に触れても、子ども達の受け止める感性は本当に様々なのだなと思わせられる場面でした。

以上、前半45分の基本内容の概要をご紹介いたしましたが、この他にも、様々なテーマを取り上げ、学校からの要請も受け止めながら、授業を構成しております。

第六章　子ども達との対話

・絆、それは感謝

・家族の死との触れあい

・心の成長

「いのちの授業」では、子ども達が話を聞き続けるのではなく、自ら考え、気づき、そして、発言してもらう場を数多く設定しています。命は教えられたり、理解させられたりするものではないところに基本的な視点を置き、そのために、子ども達との対話を通して授業を進めています。心を動かされた対話の幾つかをご覧頂きたいと思います。

絆、それは感謝

絆について子ども達と対話する前に、私は、「絆という言葉を聞いたことある人？」と質問をしていきます。小学校低学年で30％～40％の子ども達が知っていると手を挙げてきます。小学校高学年以上では予想通り、ほとんどの子ども達が手を挙げてきます。次に、「絆というのはどんなことなのか、誰かお話をしてください」と投げかけると、「友情、つながり、人間関係……」と、子ども達は、それぞれの思いを答えてきます。

絆という言葉を取り上げ、子ども達に触れてもらう理由は、相手とつながるという関係性に対する絆だけではなく、人と人との出会いの持つ意味について、そして、出会いが人としての成長にもつながっていることに、気づいてもらうためです。出会いが創出する絆、そして、絆が創出する新たな出会い。絆の深まりがもたらす人としての相互成長。

切っても切り離せない、これら三つのつながりを意識しながらの対話となります。「第四章　授業の実践　その二」の項でご紹介しましたが、私たちの人生は出会いから始まります。命をくださった両親から始まり、家族、地域の人、学校関係者　等々、出会った様々な人達とそれぞれに絆を結んでいきます。そして、絆がより深まり、相互の人生がより良いものとなり、そして、人として成長していきます。絆を結ぶ時、私たちは相互にプレゼントを交換していきます。思いやりであり、労りであり、優しさであり、数多くの心の動きを相互に伝え合うことで、お互いに人として成長していきます。その意味で、出会い、絆、成長は、切り離すことができないのです。

〝絆〟という言葉は、人生で出会う人たちとの関係性だけでなく、成長した自分自身との出会い、これも絆の持つ、もう一つの大きな意味なのかも知れません。

自分自身はどんな人間なのか、良い面は、直したい面は等、自身について認識することは、自分一人では不可能であり、相手との関係、相手からの言葉や行為を通した反応等があって初めて、自分自身の存在する価値が認識されるように思います。

私は、自己認識は相互認識、言葉を換えれば、相対性から創造されるものと受け止めています。その意味でも、出会い、絆の持つ意義は大変大きいと考えます。

次の対話をご覧ください。

私　：「皆さんが一番、絆を感じている人は誰ですか？」
生徒：「お母さん」
私　：「どんな風に、感じていますか？」
生徒：「いつでも見守っていてくれるように感じている」
私　：「どんな時、そのように思ったの？」
生徒：「私が風邪を引いた時に、お母さんが、寝ずに看病してくれたの。その時、お母さんは優しいなと感じたの」
私　：「お母さんが寝ずに看病してくれたんだね」
生徒：「そう、お母さんがずっと看病してくれた時に、お母さんの優しさを感じたの。上手く言えないけど、優しさ以上のものを感じたよ」
私　：「そうか、絆を心の奥で感じられて、本当に良かったね。絆というのは、お互いの思いやりもあるけど、もっと深いものなんだね。ところで、お母さんに、何か言ってあげた？」
生徒：「うん、私、お母さんに、『お母さん、看病してくれて、ありがとう』と言ったよ」
私　：「そう、お母さんに感謝の気持ちが言えたんだね。本当に良かったね。これから、お母さんにどうしてあげたい？」

生徒：「お母さんに、『私を生んでくれてありがとう』と言いたい」
私　：「そう思ったんだ」
生徒：「うん、心からそう思う。でも、なんか不思議な感じ」
私　：「そうか、でも、絆の本当の意味は感謝なんだね」
生徒：「うん。そう思う」

いつも、子ども達との対話はワクワクします。この対話からも、『絆』という言葉の持つ意味は、人と人との関係性に限ることなく、「感謝」であるということを気づかせてもらう対話となりました。そして、家族との絆を通して、人として成長している姿を対話から垣間見ることができました。この対話から、子ども達の持つ命への感性は、大人の想像を超えるところにあると、強く感じます。

家族の死と向き合ったことで、命は大切という概念的な思いだけでなく、なぜ命が大切なのか、生きる意味とは、生きる価値とはどういうことなのかについて、自ら気づいていく姿を、子ども達は授業の中で、或いは手紙を通して伝えてくれます。

次の、死と向き合う命に関する対話をご覧ください。

家族の死との触れあい

私　：「皆さん、命はどんなものだと思いますか？」
生徒：「はい。先生」
私　：「それでは、・・・さん。お願いします」
生徒：「命は二度とないもので、大切なものと思う」
私　：「・・・さんは、命のことを、どうしてそう思うようになったの？」
生徒：「はい。すごく優しかったおじいちゃんが亡くなった時、どんな人でも、いつかは死ぬんだなと思った。死んだら、お話ができないし、一緒に遊ぶこともできない。そう、思った時、命は大切にしなければいけないと感じました」
私　：「・・・さんは、そんな体験をしているんだね」
生徒：「はい。そうです」
私　：「それでは、これから命をどのように大切にしていきたいと思う？」
生徒：「いつも、友達には優しくしていたいと思う。後で後悔することのないよう、誰にでも心から接していきたいと思う」
私　：「そうか、じゃ、自分の命はどう思う？」

生徒：「自分の命も大切にしていきたいと思ってる」
私　：「どうして自分の命を大切にしていきたいと思う？」
生徒：「うまく説明できないけど、自分の命も他の人の命と同じように大切だし、自分の命を大切にできない人は、他人の命も大切にできないと思うから」
私　：「そうか、他人の命も自分の命も同じように大切なんだね」
生徒：「うん。自分の命を大切にすることが、他人の命を大切にすることにつながると思う。皆、一緒だと思う」
私　：「そうだね。大事なことに気づいたね。これからは、命がどうして大切なのかを、命は何なのかを、もっともっと、考えていってください」
生徒：「はい、わかりました」

いかがでしょうか。子ども達は、自分以外の命との触れ合いの場を通して、自らの命の意味、価値に気づいていきます。命が大切という、概念的な言葉だけではなく、どうして命は大切なのか、命とは何なのか等についても、自ら思いを巡らせていきます。子ども達の心の窓を開くことで、すでに心の中にありながら、上手に言葉で表現できない命への思いを引き出していく、そんな授業をこれからも続けていきたいと思うのです。

次に、心の成長についての対話をご覧ください。

心の成長

私　：「皆さんは、一人では生きていくことはできませんね。皆さんはどんな命を頂いて生きているか考えたことがありますか？」
生徒：「はい、先生」
私　：「じゃ。・・・さん、お話ししてください」
生徒：「はい。私の家では沢山の野菜を作っています。キュウリ、白菜、ニンジン、トマト……。私の家族は毎日、野菜を食べています。野菜を食べているお陰で、家族は元気でいられるように思っています。野菜に感謝しています」
私　：「ありがとう。他に話をしてくれる人は？　はい、それでは・・・さん、どうぞ」
生徒：「僕の家ではお米を作ってる。夏になると家族みんなで苗を植えて、秋になって穂が垂れるようになった時、みんなで稲刈りをするんだよ。このお米でお腹が空くこともなく、病気になることもなく、元気で学校に来られているように思っています。お米に本当に感謝しているんだよ」
私　：「はい。ありがとう。それでは、みんな二人の話を聞いて、どう思った？」

生徒：「はい。私も同じことを思った。食べ物も大事だけど、自然もすごく大事だと思う。私たちが生きる上で欠かせないものだと思う」

私　：「そうだね。皆さんが言ってくれたように、私たちは沢山の命や自然に守られて生きているんだね。食べ物、空気、水、樹木、動物……、等々。見方を変えれば、私たちは、みんなが感じているように、生かされている一人ひとりなんだね。みんなが話をしてくれたので、その思いを私も感じました」

生徒：「はい。先生」

私　：「・・・さん、どうぞ」

生徒：「うん。ただ、自然や命が大切だと言っても、何故、大切なのかが、きちっと分かっていないと、自然や命を大切にする気持ちが心からわかないばかりか、その気持ちが長く続かない。これから、なぜ、という思いを大事にして、色々考えていきます」

このような対話を通して、子ども達は自分が生かされている一人だと気づき、自然を含む多くの命に感謝の気持ちを持つようになります。この気づきの心を喚起し、子ども達の心の中から引き出すことで、命への大事な思いを既に心に内包している自分だということ、そして、大事なことに気づく力を持っている自分であることを思い出し、より成長していくように思います。「いのちの授業」は、子ども達と一緒に作り上げていく授業です。子ども達に理解させようとする授業ではなく、「第三章　授業の実践　その一」の項で詳述致しましたように、既に心の中に内包している命への思い（大人も想像できないほどの深い思いを有していることを記しました）を引き出す授業です。その意味では、授業ではなく、心の中から引き出し、自身の有している命への思いに、自ら気づいてもらおうとする、気づきの場です。

これは、子ども達と対話を行うことで、初めて実現します。子どもだから命について何も分かっていないだろう、人生体験も少ないのだから教えなければならないのだろう、このような姿勢で、子ども達と触れ合おうとすると、子ども達の心は閉じてしまい、耳では聞いているけど、心で聴いていない状態となることを幾度となく体験してきました。

私も「いのちの授業」の立ち上げ当初は、教え、伝え、理解させようとしていた時期がありました。しかし、子ども達は既に、命へのそれぞれの思いを心に内包していることを、私は子ども達の素直な心を通して気づかせてもらったことで、どのような話をするにしても、一方向的に教え、伝え、理解させようとする場であれば、むしろ、子ども達を命の思いから遠ざけてしまう結果となることを、心に留めることができたのです。

子ども達は、既に命への大事な思いをそれぞれに心の中に持っています。

そして、子ども達の持っている命への思いはそれぞれ皆違い、違うけれども、それぞれが皆大事な思いであることを心に置きたいと思います。

心に既に内包している命への思いを引き出す授業として、また、子ども達の気づきを喚起する授業として、今後も継続していきたいと思います。

次は、後半45分の話です。ご覧ください。

第七章　心の目で命と触れあう

・命を生き抜く子ども達

・心のメッセージ

・生きる意味に気づく子ども達

本章では、生と死に向き合う子ども達の生き方に触れ、普段触れることの少ない、生きる意味、生きる価値、生きる力について、子ども達と共有していく場として、触れて頂きたいと思います。

命を生き抜く子ども達

「いのちの授業」の中で、最も子ども達の心に気づきを芽生えさせた話は、死と向き合った同年代の子ども達の生き方であることを、全国4万通を超える子ども達の手紙が教えてくれました。同年代の子ども達で、生と死と向き合いながらも、しっかり命を生き抜いた生き方に触れることで、子ども達の心が根幹から喚起され、〝希望と勇気と感謝〟を心の中に強く持ち続けることに、私自身、気づくことができたのです。

この章では、幼くして命を全うした子ども達が、命を必死で生き抜き、生きる意味、生きる価値、生きる力を、自らの言葉と行動で示した生き方に触れていきます。命を全うした子ども達のご家族とは、何回もお会いしてお話を伺っています。子ども達が残していったメッセージ、あるいはご家族の思い出話、又、関連する資料等々を頂き、授業の中で使用することのご了承を頂きました。一部のご家族の方には、「ＮＰＯ法人いのちの教室」の会員にもなって頂き、ご一緒に活動をしておられる方もいらっしゃいます。

また、ご家族が出版した本の出版社、関連する教育委員会にも直接お伺いし、子ども達のメッセージ、写真等、授業で使用することのご了承を頂いております。

命を本気で生き抜いた子ども達が、その人生をメッセージとして記した資料を子ども達に読んでもらい、目で、耳で、声で体験し、心を含め、体全体で感じた思いを語ってもらう場を設けました。このような内容なので、子ども達は、命を全うした子ども達のメッセージや様々な資料に触れて、それぞれが心の中に焼きつくほどの強い衝撃をもって受け止めていきます。その大きさは、言葉では語り切れないほど深いのです。

子ども達が受けた衝撃は、手紙の形でつづって頂くように学校にお願いしております。ここでは、子ども達が授業を通して受け止めた思いに触れて頂きます。

人の生と死はどんな意味を持つのでしょうか。死は、最も大きな悲しみを与えるものでありますが、悲しいという思いだけを持つものなのでしょうか。死は生きることを否定するものなのでしょうか。生きるということはどのような意味を持つのでしょうか。そんな思いを持たせてくれた、子ども達からの手紙です。子ども達は亡くなった子ども達の生き方、そしてメッセージから、命に関して、数多くの大切な気づきを持ち始めます。そして、多くのことに気づき、心から感謝していきます。

死を人生の終わり、あるいは全てが消滅する瞬間と捉えるのではなく、身体は消滅してしまっても心は生き続けることを、子ども達は感じ始めます。そして、死に対してもしっかりと向き合う姿へと変容していくのです。この時、生と死の意味に触れることで、生きる意味や価値に自分なりに気づき、今生きている自分の人生をより意味のあるものにしていこうと思い始めるように私は感じます。

まずは、命を最後の最後まで全うしようとした子ども達の、心のメッセージに触れて頂きます。亡くなった子ども達のご家族には、何回もお会いし、誕生から亡くなるまでの生き方についてお聞きしております。本章では特に子ども達から共通して伝わってくる命の根幹をなす言葉についてご紹介したいと思います。

心のメッセージ

一　大切なことは、私達の身近に存在する

『特別なものや出来事に触れることで感じる豊かさではなく、今生きている、それ自体が幸せと受け止め、生きている実感を、私達の身近にあるたくさんの物や出来事の中に見出していく心のあり方が大切』

子ども達から伝わってくる心からのメッセージです。

失うことで大切なことに気づくこともありますが、視点を変えることで、目の前にある存在から、生きる意味や価値に気づくことも、たくさんあることを子ども達は感じています。

私たちは気づかないうちに、お金や社会的地位など、特別なものや出来事に触れることで、幸せ感を持とうとしているように思います。身近な当たり前の生活の中で、命に結びつく多くの出来事に触れても、当たり前であるが故に意識することなく、何も気づかないまま行き過ぎてしまうことが、多々あるのではないでしょうか。朝起きた時の空気の新鮮さ、小鳥のさえずり、「おはよう」と言える家族の存在、等々、数え上げたらきりがないほど命への気づきの場が、私たちの周りにはたくさんあります。自然の息吹を感じるために、大きく深呼吸してみましょう。空気のさわやかさ、そして自然の中にある様々な命に囲まれて生きている自分を感じ、自然の鼓動に触れようとする心が芽生えてくるかもしれません。

本当の幸せは、特別な環境に自分を置くことで感じるものではなく、『今、生きているそのままの自分を感じること、命を感じること。生きる意味に気づきなさい。真の幸せを感じなさい』という、命を生き抜いた子ども達からの、心の声が聞こえてくるように思います。

上の絵は、亡くなる直前まで、命を貫こうとした少女が心の瞳で表現したもので、本当に大切なことは特別な行動や物事にあるのではなく、身近な当たり前の穏やかさの中にあることを、示唆している絵のように感じます。

樹に寄りかかるように描かれた二人の少女は、あるがままに、自然と溶け合っている姿に見えます。一人は思いにふけり、一人は遠くの一点を見つめています。静かな気持ちで、生きることへの思いに触れているように感じます。

特別な何かを求めるのではなく、身近に感じる命の息吹に身を委ね、それぞれの心で、自然な気持ちで触れている姿を感じます。命を静かに受け止めようとする子ども達は、大事なものを見る力、心の瞳を自ら身につけていくのでしょう。

二　辛い環境にありながらも、感謝の気持ちを持つこと

誰でも、病に伏せれば心が重く、不安な日々を送るようになります。ましてや、命を奪われるかも知れない重い病を患ったならば、死と直接向き合うこととなります。そのあまりの苦しさ、辛さに、生きる気力もなくなってしまうかも知れません。一方で、それでも病を克服しようと、立ち向かっていく人も、又、いるかも知れません。

死と向き合う状況に置かれた子ども達も、初めは大きなショックを受けています。一瞬生きる気力もなくなるのです。しかし、自分たちが置かれた状況に立ち向かううちに、大切な気づきを持ち始めます。子どもながらも、生きる意味、生きる価値、生きる力に触れていくのです。むしろ、純真な心を持った子ども達だからこそ、命の真の意味を、心の中から引き出すことができるのかも知れません。この時、苦しみと向かい合っていた気持ちに、一筋の光が射し始めます。私は、このように、心が変容していく子ども達の姿に触れて、次の文面を思い出します。

「死は決してネガティブな側面だけでなく、生きる者への根源的なメッセージとエネルギーを提供するポジティブな側面を持っていることに気づくべきだろう。」（出典：柳田

邦夫『「人生の答」の出し方』新潮文庫　２００６年）

身近な人の死は、人知れず大変悲しいものです。私自身、少年時代に家族を３人亡くすという経験をしています。死と向かい合った時、深い悲しみを持つことは人として自然な思いであります。一方で、亡くなってしまった人の生き方から、生きる上での多くを学び、気づくこともできるのです。その心を私たちは皆持っています。その意味では、体は消滅してしまっても、亡くなった人の思い出は多くの人の心を支えながら、それぞれの中に生き続けるのだと感じます。

次の手紙をご覧ください。

『父親が昨年亡くなってしまいました。命が無くなるということは、とても悲しく残酷なものであり、人生で一番つらいと思った出来事でした。当たり前だと思っていたことが失って初めて感謝の気持ちや、ずっと一生にいたかったという感情が芽生えました』

『昨日まで元気だった人が交通事故で亡くなったり、数年前まで賑やかだった家が静かになっていたりしているのを見てきていたから、所詮そんなものか、意外とあっけないものなんだと、ずっと思っていました。でも、今回の映像を見て、病気の人も、年を取っている人も、生きている人も、生きる意味を必死で探して、最後まで生きようとしている姿に少し驚きました。病気に立ち向かう姿はどんな人よりも生き生きしていると初めて思いました』

悲しみや苦しみや辛さは、当然避けたいことではありますが、一方で、心の視点を変えることで、自身の人生を豊かにする大切なことに気づかせてくれるものでもあると感じます。悲しみ、苦しみ、辛さを心の中に持ちながらも、その中から生きる上での大切な思いに触れた瞬間、悲しみや苦しみや辛さが、誤解を恐れずに言えば、生きる上での大事な気づきを持つことができたという意味で、感謝する対象に変容していくのでしょう。この心の変化が、真に苦難を乗り越えるということのように思えてなりません。

苦難の中にあって、いや苦難の中にあるからこそ感謝の気持ちを見出す心の力を、すべての子ども達が既に有していると思えてなりません。悲しみ、苦しみ、そして辛さは、心の中に残り続けるものの、心を苦しめるだけのものではなく、これから前に進んでいく心の強さに変容していくのかもしれません。

子ども達から届いた心の宝物を、私は感謝の気持ちを持って受け止めています。

上の絵は、感謝の気持ちは、お互いの心を結びつけ、光り輝くことを、病で亡くなる前まで命を生き抜いた少女が心の瞳で表現したものです。

中心に描かれたひまわりに、上から、そして下から手が重なるように描かれています。

亡くなった少女が天国から手を差しのべ、それに地上の家族が手を重ねることで、お互いの感謝の気持ちが創造され、その気持ちがひまわりの姿となったように感じるのです。

ひまわりは太陽の光に向かって光り輝く花です。光は人を優しく包み、心を温めてくれる力を持っています。人の心を包む力を持ち得るのは、感謝の気持ちです。
この絵からは、心からの感謝の気持ちを感じるのです。

三　気づきの実践、使命感への変容

身近な世界にある大切なものへの気づき、苦難と向き合うことで気づく命の意味、命の価値。これらの生き方を通して、命を最後の最後まで全うしようとする子ども達が持ち得る思いの一つ、それは使命感です。それは、自身が一歩ずつ噛みしめながら歩んできた人生において、自分なりに体験した気づきを、生きる意味、生きる価値、生きる力と結びつけ、多くの人たちに自分の命を懸けてまで伝えていこうとする、心から湧き出る行為そのものだと感じます。

自身の価値観を伝えるのでもなく、感動という枠内で伝えるのでもなく、まさに真の命の意味（生きる意味、生きる価値、生きる力と、私は受け止めております）を共有する場を、自分自身の体験と結びつけながら、あくまで一つの生き方として、命懸けで提供する使命感です。このことを、苦難の中にあってもなお、子ども達は力強く、堂々と実践するのです。大人が想像できないほど命の根幹に触れようとし、それだけでなく、残り少ない自らの命を奮い立たせ、他の人のため、社会のため、そして世界中の人達のために、自身の体験を通した気づきを伝えることに尽力しようと、使命感を実践した子ども達がこの世の中に存在していたのです。そして今も存在しているのです。

この子ども達から、私は次のような貴重な気づきをもらうことができました。この子ども達は、それぞれ育ってきた環境は皆違います。しかし、気づきの心、広い視点で命に触れる心、そして、人のために尽くそうとする心、これらの心、言い換えれば使命感を誰からも教えてもらうことなく、心に内包していたのだと思うのです。今、全国、700校を超える、数多くの子ども達との触れ合いを思い返してみますと、実は全ての子ども達が、それぞれの心の中に、気づきの心、広い視点で命に触れる心、そして、人のために尽くそうとする心を宿していると私は感じるのです。使命感を行動に移す子ども達が一部に限られているということは、見方を変えれば、使命感を既に心に有している自己という命に、気づいていない子ども達が多いということなのかもしれません。それだからこそ、自ら自己を発見し、自己認識を促す、そして自己創造を喚起する気づきの場を、子ども達に提供していく必要があると心から思うのです。

私は、今、子ども達が人として生きる上での意味、価値、そして命の力に気づき、生きとし生けるもの全ての生命に、感謝とおごそかさ、そして畏敬の念を持って寄り添える心を持つことの重要さを改めて思います。子ども達が、これらのことに気づくためには、教え伝え、理解させるのではなく、自ら考え、気づき、発言する場の提供が、命に触れる授業の根底にあって欲しいと心底から思うのです。子ども達が主役に置かれることで、自己の素晴らしさに気づかせてくれる授業であって欲しいと心から願って止みません。

次に、命を輝き尽くした子ども達の生き方に触れたことで、その思いを届けてくれた全国の子ども達からの手紙をご紹介します。

生きる意味に気づく子ども達

一つ目は、何気ない日常の中で触れる人、出来事、そして、命をつないでくれるものへの感謝です。

『お話を聞く前は、命のことは、何も考えたことがありませんでした。だけど、お話を聞いて、命とはとても大切で、生きている意味を表しているのだと思いました。理由は、お母さんやお父さんがくれたものでもあり、今生きていることが大切だと分かるからです』

『私、自分は本当に生まれてきて、本当に良かったです。お母さん・お父さんにとても感謝しています。自分が生まれてこなかったら、今の私はいないから、生まれてきてよかったです。生まれてこなかったら、しあわせはないと思います』

『今、私たちは学校に行って、授業を受けたり、友達と楽しく話したり、他に部活をしたりしていますが、今、自分たちがこうしているのは、当たり前のようで、当たり前ではないのです。だからこそ、一日一日、一分一秒をもっと大切にしようと思いました』

何気ない日常の中に命に触れる出来事があり、そして、日常の中にある大切な気づきを自覚したことで、何気ない日常の生活の中に幸せを感じ、感謝していく心を持てるようになったと、つづっています。自分の心を開けば、また、気づこうとする意識を持てば、何気ない日常の中で触れ合う出来事や人や物から、命への結びつきや命への大事な気づきを感じ取れると、私は子ども達と対話する中で、共有することができました。

私は子ども達に、「特別な出来事に触れた人の心の根底にも、何気ない日常で触れている思いが、気づかないうちに入っていると思うのです。だからこそ、感動的な特別な部分だけを取り上げて話を聞いてしまうと、感動は半分になってしまうと、私は思います。皆さんはどう思いますか？」と、投げかける場面を作っています。
特別な出来事や人や物との触れ合いの前に、気づこうと思えば気づける身の回りにある命の息吹に、自分なりの感性で気づいた上で、特別な思いに触れて欲しい。そうすれば、今まで気づかなかった新たな感動と触れ合えるのではないかと、私は思うのです。
二つ目は、前を向いて進もうとする命をつづった手紙です。

『自分に出来ることは「今を全力で生きること」しかできない。苦しんでいる人がいることを感じて、そういう人たちの為になるか分からないけど、「命」を大切に生きようと思った。自分がそう簡単に口にしていいものか分からないけれど、生きたくても生きられなかった人たちの為に、生きようと思える人になりたいと思った』

『僕はここまでつながれてきた命のバトンを大切にし、そして、病気を患っている人たちを、僕が医師になって助けていきたいと思いました』

『今回この命の授業を聞いて、自分がどれだけ幸せに過ごしているのか分かりました。病気と闘いながら、生きている人や、障害を持っている人に比べ、自分は本当に恵まれているなと思いました。また、自分は、その闘っている人たちのように、強く生きていきたいと考えました』

自分と同年代の子ども達が〝命〟を最後まで光り輝かせている生き方に触れ、大きな衝撃を受けています。また、自分のこれからの生き方にしっかりつなげていこうとしています。亡くなる直前まで生き抜いた同年代の子ども達の姿に、全国の子ども達が最も多くの気づきを手紙で届けてきました。私はこれらの手紙に触れ、子ども達が最も心に響く話の一つは、同年代の子ども達の生き方、それも最後まで命を貫こうとした生き方を示した子ども達の姿であることに気づかせてもらいました。

自身が体験した出来事について、その時に自分の心の内に起きた思いを子ども達に伝えることも、大人として重要な役割だと受け止めています。一方で、同年代の子ども達の生き方に、それと同等以上に深い思いを子ども達は持つことを、子ども達からの手紙を通して読み取ることができました。小さな命ではあるけど、多くの人に命のメッセージを伝え切り、命を貫いた子ども達。私は、ご家族の方々との貴重な出会いを頂いたことで、この思いをさらに深めることができたのでした。

「いのちの授業」では、全国の子ども達から届けられた手紙及び授業の中での対話から、私が気づいた心のメッセージとも言える思いを取り入れております。これらのメッセージを、子ども達に理解させるのではなく、あくまで事例として、平易な言葉で、そして、分かり易い表現で子ども達と共有する場としています。今後も、命を貫いた子ども達の〝生と死〟との向き合い方について、子ども達と共有していきたいと思います。

三つめは、自己の人生に役立てようとする気持ちをつづった手紙です。

『僕は、命は命だと思っていたけど、いのちの授業をやってわかったこと。生きている価値があること。生き物たちは、みんな生きている価値があると知ってからは、苦しくても、つらくても、命を大切にすることが、僕たちの使命だと思った』

『色々と悩むことが増えてきた時期で、生きるのがめんどうくさいって思ってしまったりしていて、自分の考えを改めることができました。世の中には、明日生きたくても生きられない人たちがいて、明日を生きられなかった人の分まで、この命を大切に生きていきたいと思いました。それがきっと小さいながらも、私の使命なのだと思います』

多くの子ども達は、命を生き抜いた子ども達の生き方に触れ、これからの自分自身の生き方をしっかり見つめようと、自身の心を育み始めます。また、自分自身のためだけでなく、他の困っている人を救うことにまで、自身の生き方を結びつけていきます。そして、生きる希望と勇気と力を持ち始め、自分自身の人生に光を射すと共に、困っている人に対して一点の光となり心を寄り添わせることで、その人たちの人生を明るく照らしていこうとする思いを、育み始めていくように思うのです。

生きたくても生きられない子ども達の存在、その生き方に触れた子ども達は、自分自身が、今生きていることに気づき、苦難としっかり向き合おうとする子ども達から、生きる意味、生きる価値、生きる力を学びながらも、生きているからこそ様々な出来事に出合い、人として成長していくことに気づき、そして、生きていること自体に心からの深い感謝の気持ちを持ち始めていきます。

次の手紙をご覧ください。

同年代の子ども達が生き抜いた「命」に触れた手紙です。

『生きていることは幸せなこと、今生きているのは当たり前じゃなく、奇跡であって、でも偶然ではなく、「私」という存在は世界の様々なことを良くするためにあり、他人と協力し合ってこそ、生きているということ。私は今後の生活で、生きていることの幸せをかみしめていきたいです』

命の輝きが終わる最後まで生き抜いた子ども達の生き方は、同年代の子ども達に、同年代が故に、命への深い思いを心の中に刻んでいく力を持っているのだろうと感じます。

ここでは、子ども達の手紙の一部をご紹介しましたが、子ども達の心は、数多くの視点を通して、命を生き抜いた子ども達の生き方に、より深く触れていきます。命への触れ方、それは皆それぞれであり、更に、命は知識や言葉を通して教え伝えるものではなく、心の中から引き出していくものであることを改めて思うのです。

心の中から引き出す授業に触れて、明日を生きる勇気を自らの心の中から引き出した手紙で、この章を締めくくりたいと思います。

『私は生きることが正直、よくわからなくて、毎日ただ単に過ごしていました。たまに周りの環境とか全てが嫌になって、逃げたくなる時も沢山あります。生きるのが辛くなる時があります。でも昨日の話を聞いて、生きることの凄さが分かりました。壁にぶつかってもどんなに辛くても、生きていなきゃダメだって気づかされました。どれだけの奇跡が重なって自分が生まれたんだろうって考えると、この人生、誰にもまねできない唯一無二の、ものすごい生き方をしてやるって思えました』

この手紙に触れて自然と涙が込み上げてきたことを思い出します。

第八章　エピソード

・驚きの瞬間
・辛さが笑顔に
・変容する命への思い

これまでの章で「いのちの授業」のご紹介と、章ごとに子ども達から届けられた手紙に触れて頂きました。本章では、「いのちの授業」を実践する中で起きた様々なエピソードを通して、学校の置かれている状況あるいは、子ども達の心の姿に触れて頂きます。併せて死と向き合っている子ども達の現実に、手紙を通して触れて頂きたいと思います。

驚きの瞬間

『正直、今まで受けてきた命についての授業は、先生が命は大切だと言い続けて終わるような、一方的なものばかりで、今回もまた一方的で、ひたすら先生の考えを聞くというような講演なのかと思っていました。しかし、実際は全然違って、私たちの意見を尊重してくれたり、生徒が積極的に参加できるような形式だったので、色々なことを考えながら、話を聞くことが出来ました』

「いのちの授業」に触れた子ども達からの手紙です。全国の数多くの子ども達から、同じ思いをつづった手紙が届いています。いかに子ども達が、命について一方向的に教えられ、伝えられる立場にあったかを物語っているように思います。教えられ、伝えられる命は、大人の概念の植えつけ、或いは価値観の押し付けとして、多くの子ども達は受け止め、手紙の中でその思いをつづっています。もちろん、語り手の思いや価値観を伝えることを否定するわけではありません。私自身も今振り返りますと、自身の体験を通した思いや価値観を一方向的に伝えていた時期があったことを思い出すのです。その時期、私自身の体験に子ども達に触れてもらい、そこから大事なことに気づいてもらおうと真摯な思いで伝え、教えていたのです。しかし、そのような形の授業では、子ども達の心の中に命への思いが届かないばかりか、命から子ども達を遠ざけてしまう可能性もあることに、子ども達からの手紙で気づかされたのです。

一つ体験談をご紹介します。関東地方の小学校での出来事です。

正門から校内に入り、職員室に向かいました。担任の先生とご挨拶をしてから、校長室へと向かいました。名刺交換をさせて頂き、学校のご様子をうかがっていた時のことです。校長先生から、「若尾さん。授業に入る前にお話ししておきたいことがあります。今日の学年は6年生ですが、若干問題がある学年です。失礼にならないように、今日は保護者も一緒に聞くことにしております。いつもの授業とは違う状況に触れることになろうかと思います。少しばかり覚悟をしておいてください」

私はこの時、校長先生が仰っている内容が全く理解できませんでした。どのような授業になっていくのか、不安を持ちながら会場に向かいました。既に子ども達と保護者の方々がお待ちになっており、私は緊張感を持ちながら入場しました。そこで、まず気がついたのは、ほとんどの子ども達がおしゃべりをしていることでした。授業が始まれば止めるだろうと思いつつ、自己紹介をして授業を開始しました。いつもであれば、おしゃべりは止まるのですが、この時はいつまでたっても止まりません。私は動じることなく、いつものように、子ども達に質問を投げかけ、対話形式で進めていきました。おしゃべりが続く中ではありましたが、子ども達にマイクを向けながら質問を投げかけていきました。

一番おしゃべりをしていた生徒にマイクを向けた時です。マイクを私の手から取り、歌を歌い出したのです。この時は、私もさすがに心の動揺を隠せませんでした。この時までに、延べ500校ほどの学校で授業を実践してきていましたが、この体験は初めてというだけでなく、『保護者が同席しているにも拘らず、このようなことが起きるのか』という複雑な思いでいっぱいになりました。

この時、私は校長先生が仰っていた意味がようやく理解できました。私は、それならば、なおさら命について自ら気づく場を与えようと、いつも以上の意識を持ちながら、子ども達が自ら考え、発言する場を作り続けたのです。30分ほどたった時点から、子ども達がこちらを見ながら聞こうとする姿勢に徐々に変わっていきました。その後落ち着いた状態で授業を進めることができました。この時、私は初めて冷や汗をかくという体験をしました。授業が終わった後で、校長先生とお話をさせて頂き、子ども達がなぜこのような状況になったのか、伺うことができました。詳細は省かせて頂きますが、その地域特有の状況があったことをお話しされていました。

その後、玄関で先生方にご挨拶をしていた時のことでした。一人の生徒がこちらに向かってきたのです。その生徒に目を向けた時です。突然、「先生、ありがとうございました」と、話しかけてきたのです。よく見ると、その生徒はマイクを取り、歌を歌い出した生徒だったのです。先生方も、一瞬何が起こったのかという表情でその生徒を見ていたことを思い出します。私たちは驚きの瞬間を体験したのです。

私が体験した場面の一部をご紹介致しましたが、この体験から、私は子ども達の心の奥底にある思いに触れることができたと同時に、大きな気づきを得たのです。どのような振る舞いをする子ども達でも、既に命への強い関心を心の中に持っているということ。それればかりでなく、その心に触れて欲しいと思っていること。そして、命の意味に、より深く気づこうとしているということです。

子ども達の、これらの思いに寄り添える形は、語り手としての思いや価値観を主体とした授業ではなく、子ども達の心の中から命への思いを引き出す場であることに改めて気づくことができたのです。そして、子ども達の心の窓が開かれ、子ども達の心の奥底にある思いに、触れることができたのではないかと思うのです。

辛さが笑顔に

九州地方で授業を行った時のことです。この日、訪問した学校は、今まで何回か授業をしていた小学校でした。何回か訪問した中で、元気な子ども達の笑顔に毎回触れながら話をさせて頂いておりました。その日は、5年生の授業でした。会場に入った瞬間、子ども達の礼儀正しさと穏やかな表情に触れ、今日も頑張ろうと授業を進めていきました。子ども達と、いつものように対話を織り交ぜながら、子ども達の心の中から命への大事な思いを引き出していく形で進めていきました。

授業が終わり、担任の先生と話をしながら片づけをしていた時です。一人の生徒が私の方に向かってくるのです。近くに来た時、表情を見ると優しさを秘めた満面の笑みを浮かべていました。授業へのお礼の思いを伝えに来たのかなと、私はその時、一瞬思いましたが、どんなことを言ってくれるのか、そんな思いを持って生徒の方を向き、話しかけてくるのを待っていました。

その生徒さんは、「今日は、いのちの授業、ありがとうございました」と、話しかけてきたので、私は、『ああ、お礼の言葉なのだな』と受け止め、「こちらこそ、しっかり聞いてくれてありがとう」と返事をしました。そのすぐ後です、生徒さんからこんな言葉が出てきたのです。満面の笑みを浮かべながら、こう言ってきました。

「先生、私は重い心臓の病気を持っています。いつも、どうして自分がこんな病気を持ってしまったのか、という思いでいました。辛い思いをしていました。だけど、今日の授業を受けて、辛い中にいても一筋の光を見つけることができて、それを生きる力にしていく命の力を私も持っていることが分かりました。元気が出てきました。授業のお陰です。これから私は、頑張って生きていきます。ありがとうございました」

私は生徒さんの思いに触れ、私の心の中に、眩いばかりの光が差し込んできたように感じました。その光は穏やかで心温まるものでした。私は、その生徒さんに心からお礼を言いたいと思った瞬間でもありました。

あの生徒さんは今、どうしているのだろうか、病気はよくなったのだろうか、あの時の元気な笑顔で生活しているのだろうか、いつも気になり、今も思いをはせるのです。あの笑顔で元気に頑張っていて欲しいと心から願うのです。

この時も、生きる意味、生きる価値、生きる力を根底に置き、命の多様な視点に気づいてもらい、心の中から引き出す授業としてきたことに間違いはなかったと、確信を持たせて頂いたのです。この生徒さんには心から感謝しています。

遠方の学校で頂いた一筋の光でありますが、私自身の人生に、又、「いのちの授業」の根底に限りなく大きな可能性、希望、そして勇気を頂いた光でした。この出来事は、これからの「いのちの授業」の根幹に深く根づいていくことは間違いありません。

心に内包している命への大事な思いに、そして、自分自身の素晴らしさに、子ども達が気づいていく場を提供できることに思いを寄せながら、「いのちの授業」を、これからも力強く継続して参りたいと思った一日でした。

次の手紙をご覧ください。

『「命さえあれば、乗り越えられる」。生きられるって素晴らしいことなんだな、と思えるような授業でした。これからたくさんのことにぶつかり、大変な思いもすると思うけれど、与えられた命を大切にし、これからも自分らしく、一生懸命生きていこうという気持ちになりました』

同様に、数多くの子ども達が生きることの意味、そして、苦しみ、辛さを乗り越えることができる命の力に、自ら気づくことができた思いをつづってきています。

変容する命への思い

甲信越地方での出来事です。うかがった学校は校舎が近未来的なスタイルにデザインされていて、こんな学校もあるのだな、と思いながら校舎の中に入りました。校舎の中も学校とは思えないほど整備されていました。この時、延べ約５００校ほど全国の学校を廻った後でしたので、本当に驚きでした。こんな学校で勉強をしている子ども達はどんな学校生活を送っているのだろう、そんな思いを持ちながら校長先生と担任の先生にご挨拶をしてから会場に入りました。子ども達は、少しばかり話をしていましたが、私が会場に入ると静かになり、私の話を待ち構えている表情で、こちらを見ていました。

当日は４年生の授業でした。子ども達の姿勢も良く静かな状態なので、しっかり話ができるな、と思いながら自己紹介をして、授業を始めました。子ども達は皆、姿勢を正し、私の話に真剣に耳を傾けていました。話を進める中で、生きる意味について、子ども達と対話をし始めた時のことです。一人の生徒が急に立ち上がって話し出したのです。

「先生、私は嫌な事があるといつも死のうと思ってしまいます。今もそんな気持ちです」

と、皆の前で発言してきたのです。

突然のことで、また、死と向き合うことについての話でしたので、私は驚きを隠せませんでした。私は、その生徒さんが皆の前で死と向き合う自分について、勇気を持って話してくれたことを心から受け止めながら、その生徒さんの思いに寄り添える内容に授業の一部を変更し、話を続けました。

話が終わって、担任の先生が、「皆さん、感想がありましたら思っていることを言ってください」と、子ども達に話しかけ、何人かの感想を聞いた後のことでした。死のうと思っていると、皆の前で発言してきた生徒が、手を挙げて、こう話をしてきたのです。

「先生、私は死のうと思ったことがありますが、授業を受けて、命の大切さや生きることの意味が分かりました。これから命を大切にして頑張って生きていきます」

何と、90分前には、死のうと思っていたという生徒が、頑張って生きていくと、皆の前で言いだしたのです。私自身、耳を疑いました。こんなことがあるのだろうかと。

この時の驚きは大変なものでした。周りの子ども達も、驚きの表情で、その生徒を見ていたことを思い出します。

私は、授業が終わった後、この時の出来事を静かに振り返ってみました。次第にある思いが湧いてきたのです。『90分の間に死から生へと、気持ちが変容することもあるのだ。でも、なぜ、変容したのだろう、どのような思いや触れ方がその生徒に届いたのだろう』と。どうして、短時間の触れ合いでも子ども達の心は変容することがあるのか、私なりに考え、一つの思いにたどり着いたのです。

「いのちの授業」は、語り手としての思いを一方向的に教え伝えるのではなく、子ども達が持つそれぞれの命への思いに寄り添い、複数の事例の共有化を通し、子ども達自身が考え、気づき、そして自身の思いを発言することに基軸を置いています。又、「いのちの授業」が子ども達の人生を豊かにすることを願って、語り手として本気で触れ合う姿勢を子ども達との触れ合いの根幹に置き、そして、気づきを行動に移そうとする心を喚起する場としています。「いのちの授業」の実践では、いつもこのことを意識し、子ども達の心の中から引き出す授業としてきたことが、生きる意味、生きる価値、そして生きる力が、生徒の心に、それぞれの思いに沿った形で届いたのではないかと、改めて思うことができたのです。

次の手紙をご覧ください。生き抜く命という、心に内包していた思いを自ら考え、気づき、引き出した手紙です。

『頭ではなく、心で思い起こしてみると、自分の答えが初めて見つかりました。その答えは、「命」とは私たちの「人生」そのものであるというものです。私たちが今まで生きてきた過去であり、いま、生きているこの瞬間であり、そして、これから生きる未来のことであると、私は感じました。自ら忘れかけていた「命」の偉大さに気づかされました』

ここでご紹介できなかったエピソードを含め、どの体験を通しても、子ども達が、命、そして、生きる意味、価値への気づきを、しっかり心に留めながら、自らの心の中から引き出してくれたことに、今、思いをはせております。

繰り返しにはなりますが、「いのちの授業」は命や生きる意味、そして生きる価値等について事例を示すことで気づきを提供し、子ども達が自ら考え、自ら気づき、自ら自己表現していく授業であります。授業の後、子ども達に手紙を書いてもらいます。死から生へ心を変容する手紙が全国400人近い子ども達から届いております。手紙をご覧になって、又、授業の中での子ども達の振る舞いや発言に触れ、先生方が変容していくことも数多くあります。

関東甲信越の小学校で、〝私たちは皆、心の目を持っていること、そして、一番大事なことは心の目でしか見えない〟というテーマを主体に授業を行った時のことです。担任の先生から頂いた手紙をご覧ください。

『心に染みる、あたたかい授業をありがとうございました。「心の目」は私たち教師にとっても忘れてはならない視点だと、深く考えさせられました。とかく、子どもの問題ばかりに目がいってしまい、「あれができない」「これが困る」と嘆いたり、怒ったりの日々でした。でも、そういう行動を起こす子どもの心の奥にまで目を向けると、実はとても寂しかったり、不安でたまらなかったり、満たされない思いを抱えているのではないか。ハートの絵を描いていた女の子は、時々机の下にもぐったり、教室の隅に隠れたり、大泣きをしたりします。あの子が先生の話に耳を傾け、一生懸命ハートに色をぬっている……。心が震えるほどうれしく思いました。「僕なんかいなくなればいいんだ」とノートに書いたことのある子は、机から身を乗り出して、先生のお話を聞いて、反応していました。午後の授業はいつになくしっとりと穏やかな子ども達でした。自分から課題をどんどん進め、友達とのトラブルもなくみんな笑顔。先生のおかげで、こんなにも子ども達が変わったことに驚きと感謝の気持ちでいっぱいです。この出会いを大切に。私も教師として、もうひと頑張り成長していこうと思います』

いかがでしょうか。担任の先生は、初めて触れた「いのちの授業」に、このような感想と思いをつづってこられました。この時の授業では、私は、事前に担任の先生から、子ども達それぞれの状況をお聞きしていましたので、私は、授業の初めに子ども達に次のような思いを伝えました。

「今どのような思いを持っていても、どのような状態に置かれていても、皆さんは生きる価値がある一人ひとりです。そして、悲しいこと、辛いことと苦しいことを乗り越える命の力を持っている一人ひとりです」

そして、このことを分かりやすく、幾つかの事例を示しながら伝えていったのです。担任の先生がつづられた思いは、正に子ども達の心の窓が開いた姿を表現して頂いたものとして、受け止めさせて頂きました。また、担任の先生が子ども達の変容に気づかれたというだけでなく、私自身、「いのちの授業」を継続しなければならない使命感に、改めて気づかせて頂いた手紙でもありました。感謝の気持ちでいっぱいです。

死と向き合う心を、生きる思いへと変えていこうとする手紙、親から見捨てられながらも、悲しみの中に生きる意味を見出しながら生きていこうとする手紙、心身の病もなく五体満足である自己に気づき、使命感を持ってこの世の中を良くしていこうという、これら様々な思いをつづった手紙に先生方が触れられた時、「この子がこんな思いや考え方をしていたのを知らなかった」とお話しされ、初めて触れる子ども達の心に思いを寄せ始めるのです。そして、子ども達の手紙に書かれたそれぞれの思いや、授業の中での行動に触れ、「いのちの授業」を通して子ども達が変容することがあることに気づいていかれるのです。

子ども達一人ひとりが、かけがえのない命として生まれてきています。子ども達の行動様式を直そうとする前に、全ての命は生きる価値があり、あらゆる苦難を乗り越えられる力を持っている命であることを、子ども達の人生をより豊かにするために本気で伝える責任が私たち大人にあるのではないでしょうか。このような場を作ることで、子ども達は心の窓を開き、自ら自身の行動様式、考え方、命への思いをより良い方向に変容させていくのです。

甲信越の中学校で授業を行った2日後に、担任の先生から電話を頂きました。「先日は、ありがとうございました」と、話された後、実は「今、生徒と面談をしています」と話され始めました。私が、「どういうことですか?」と問いかけたところ、先生がこう話し始めたのです。

「実は、全生徒の手紙を一日かけて読みました。その中で、『命を絶とうと思っていた』と書いた手紙に触れたのです。慌てて、この生徒と面談を始めたのです。直前で命を守ることができました。本当にありがとうございました」

この生徒の書いた手紙には、死と向き合っていたが、生きることに希望を持つことができたという内容が書かれていたのです。この時のように、直接電話を頂くことは少ないのですが、同様な気持ちをつづった手紙は、全国、約400人近い子ども達から届いているのです。

私は、第三章でお示ししたように、低学年の子ども達でも、もちろん、一部の子ども達に限定はされますが、大人の想像を超えるほどの命への思いを持っている子ども達が全国には相当数いることを知りました。また、本章でお示ししたように、死と向き合っていた心が、授業を通して〝生〟への心へと変容していった出来事、等々、延べ約700校を超える子ども達と触れ合いながら、様々な実体験をしてきました。

子ども達の心の中から引き出す「いのちの授業」を通して、子ども達が自ら生きる意味、生きる価値、そして生きる力への希望と勇気を持ち始め、心が変容していきます。これまでの手紙、エピソードを通して触れて頂いた通りです。私自身、一人のメッセンジャーの立場として、子ども達自らが、心の中に意識を醸成していくための気づきを提供していくということに主体を置いています。あくまで、子ども達が主役なのです。そのことで、子ども達の手紙、また、私への直接の語らいは、自らが気づいたものとして、真の心と受け止めさせて頂いております。

「いのちの授業」を通して、〝死〟との向き合いから、〝生〟への思いへと変容する子ども達だけでなく、心の中に様々な悩みを持った数多くの子ども達が、前に向かって歩み始める思いへと変容していきます。

これらに関する手紙の事例を「第十一章　〝生きる希望〟へ」に記載します。

「いのちの授業」が果たしている主体的な役割について具体例をお示しし、記述してきましたが、この授業の根幹をなしている、心の中から引き出すというあり方は、全国の8万人を超える子ども達、そして、出会いの機会を頂いた、6000人を超える先生方から頂いた気づきから創出されたものです。私自身が一人で作り上げたものではなく、命に対する真摯な思いを持たれている、数多くの方々から頂いた気づきから作り上げられたものだということを、付け加えさせて頂きます。

今まで記述してきました基本授業の他に、特別授業も実践しています。この授業は、日常の校内で、子ども達の間で交わされる言葉を二つの視点で取り上げ、それらの言葉の影響について、子ども達に考え、気づいてもらう場を設定しているものです。教育現場で起こっている課題の一つに、いじめがあります。言葉による攻撃が、いじめの大半を占めている中で、自分自身が言ってしまった悪いと思った言葉、そして、言われて悲しかった言葉を子ども達に書き出してもらい、発表し、意見を交換し合うという場です。

いじめをなくしていくにはどうしたら良いかを、日常発せられている言葉に改めて触れながら、自分達の言動を振り返り、言葉の影響に気づく場としています。そして、無意識の内に言葉を発してしまった場合を含め、二度といじめをしない自分自身として、決意してもらうことを目標とした場です。次の章をご覧ください。

第九章　特別授業

・いじめの言葉を楽しむ姿

・子ども達が発する驚きの言葉

・いじめの背景にある心の姿

第八章までにご紹介しました授業のほかにも、多くの授業パターンを用意しております。その中の一つ、「いのちの授業」の発展型として、いじめに繋がる言葉の重みについて、グループで討議する、特別授業についてご紹介します。

いじめの言葉を楽しむ姿

この授業は全員参加の活動の場となります。グループに分かれ、子ども達に幾つかの作業を行ってもらいます。その結果を発表し合うプロセスを通して、相互に自他の言動に対する気づきを共有する場とするものです。授業の全プロセスで、子ども達がどう振る舞い、どのような発言をするか、そしてどのような気づきを持つのかを、教員の方々を含め、子ども達と相互に共有する授業です。特に、全国の学校で増加傾向にある、いじめを一つの対象としています。この授業は、特別授業ということもあり、今まで延べ10校、60グループほどで実施してきた授業です。

２０２３年10月４日に公表された『令和４年度　児童生徒の問題行動・不登校等生徒指導上の諸問題に関する調査結果について』（出典：文部科学省　初等中等教育局　児童生徒課）によると、いじめがあったと認められる認知件数は68万１９４８件（前年度61万５３５１件）、児童生徒１０００人当たりの認知件数は53・３件（前年度47・7

件）であり、いじめ認知件数及び１０００人当たりの認知件数とも、前年度より相当数増加しています。また、不登校児童生徒は16万５６６９人（前年度13万４６５５人）であり、これも前年度よりかなり増加しています。更に自殺に関しては、小・中・高で４１１人と高い水準となっています。いじめは平成23年頃から、不登校は平成24年ごろから右肩上がりで上昇し、止まる気配は全くありません。このような、余りに多いいじめ、不登校の発生状況に衝撃を受け、子ども達と直接向き合いながら、子ども達に寄り添い、そして、子ども達の心の中から、それぞれの思いを引き出すことの必要性を今も強く感じ、「いのちの授業」を継続している引き金の一つとなっています。

この授業を進めるに当たって、子ども達に対して、いじめを見つけ出す授業と言うことはできません。子ども達は当然構えてしまいます。まず、子ども達の心の窓を開いてから具体的な流れに入る授業を構成しました。次のような話から始めます。

「皆さんは何気ない日常の中で、大切なことに気づく数多くの出来事と出合っていると思います。今、人に嫌な思いをさせたり、傷つけたりする出来事が、色々なところで見受けられます。最近は若い人にも多くなってきています」

子ども達は何が始まるのだろうと興味津々の表情でこちらを見ています。私は話を続けていきます。

「若い人たちが何らかの事件を起こす、その背景には大人や社会のあり方が影響していると思っています。私は子どもの世界は大人の世界の写し鏡だと思うのです。どういうことかというと、子ども達は、大人の言動、或いは社会のあり方をじっと見て、自分の言動に反映していきます。これは自然な流れだと思っています。時には、大人から、社会から傷つけられるような体験をし、気づかないうちに、同じような行動をとってしまうことがあるのかも知れません」

「教員の方々から、こんな話を聞くようになりました」と、話を続けていきます。
「いたずらや、いじめに近いことをやった生徒を叱ることがよくあります。いじめの時は、きつく叱る時もあります。そんな中で、子ども達が言い返してくるのです。『僕は確かに先生に怒られることをやりました。どうしてそんなことをしたのか、話をさせてください。今の世の中を見ると、色々な不祥事や事件が起きています。立派な大人がやっていることもたくさんあります。そんな人たちがやっているので、僕たちもやってしまうんです。そんなに悪いとは思っていませんでした』と。私はその話を聞いた時、あぜんとしましたが、一方で、受け止めなければいけない大事な気づきを感じました」

そして、「教員の方が続けて話をしてくれたことです」と続けます。
「生徒がこんなことを言い出したのです。『今回先生に怒られたことは、・・・さんの、していることを真似して、僕なりにしてしまったんだ』と。真似をした相手の個人名を明かしながら説明してくるのです。ほかにも真似をする相手がいるのかと聞くと、誰々さんと、名前をあげてくるのです。その人たちは皆、社会的に指導的な役割を持ち、高い地位にある人たちなのです」

私は、「このような話はたびたび聞くようになりました」と子ども達に伝え、次の話をしていきます。

「いろいろな場面で、大人社会から影響を受け、子どもたちは成長していきます。私は思います。大人社会が変われば、子ども達も変わるのです。そして、大人社会は子ども達にいかに大きな影響を与えているか、真剣に考えなければならないと思います。子ども達の非を責める前に、大人社会のあり方を見直さなければならないと、私は思っています。このような思いを根幹に置いて、『いのちの授業』を実践しています」

更にこう付け加えます。

「皆さんの言動には、大人社会の影響を受けたものも数多くあることを心に置き、皆さんの命に関する考え方は全て受け止める姿勢で、今日も進めていきます。一緒に授業を作っていきましょう」

このような進め方につきましては、「いのちの授業」を実践する中での子ども達、先生方との触れ合い、そして、４万通を超える子ども達からの手紙を通して、気づくことができたのです。この話をした瞬間に、子ども達の表情は変容していきます。そして、話の続きを聞きたいと思わせるような目の輝きに変わっていくのです。子ども達の心の窓が開いた瞬間です。ここから本題に入っていきます。

私は話を続けます。

「今日の授業はグループに分かれて作業をしてもらいます。その後、グループごとに発表を行い、お互いに意見を交換していきます」

更に話を続けます。

「では細かい説明をします。よく聞いていてください。これから5、６人のグループに分かれてもらいます。先生の指示に従ってください」

グループに分かれたことを確認し、話を続けていきます。

「みなさんに、前にあるボードに書いてもらいたいことが二つあります。一つは、友達に思わず言ってしまった、悪いと思った言葉。これをボードの左半分に思いつくだけ書いてください。もう一つは、友達から言われて悲しかった言葉。これを右半分に書いてください。それでは始めてください」

子ども達は、グループごとにボードに書き始めます。この時です。私は大きな衝撃を受けたのです。子ども達が書き出す言葉は、いじめにつながると受け止められる言葉にも拘らず、ワイワイガヤガヤ、面白おかしくしゃべり合いながら書き出していくのです。子ども達はこんな受け止め方をしているのかと、私は驚きを隠せませんでした。この状況に触れた担任の先生は、「あなた方、どうして面白がって書いているの。真剣に書きなさい」と叱りだすのです。この状況はこの授業を行ったすべての学校で見られた姿です。

子ども達が発する驚きの言葉

子ども達は、少し口を閉じながら書き上げていきます。全てのグループが書き終えたことを確認し、私は子ども達に話しかけます。

「全グループ書き終えたようです。それでは、これからグループごとに発表してもらいます。今書いた言葉をすべて読み上げてください。順番は先生の指示に従ってください」

子ども達にはグループごとに前に来てもらい、書き出した言葉を代表者2名にそれぞれ読み上げてもらいます。書き出された言葉は、読むに堪えない言葉ばかりです。後ほどボードの写真で見て頂きます。

子ども達の発表を見ていた時、わずかな表情の変化に気づきました。目の表情を曇らせながら読み上げていく子ども達が出てきたのです。あれほど面白がって書き上げていた子ども達。自らその言葉を改めて読み上げることで、自責の念を持ち始めたのです。〝どうしてこんなことを言ってしまったのか〟、そんな思いが伝わってくるのです。子ども達にとっては悪気がなく、思わず言ってしまった言葉であり、日常茶飯事に校内で飛び交っている言葉なのです。

それればかりではありません。発表を聞いている他のグループの中には、顔全体の表情を曇らせながら聞く子ども達が出てきたのです。発表している言葉を、自分が受けた言葉として受け止め始めたのです。『こんなに嫌な思いがするのか』という表情で、みけんにしわを寄せながら聞いているのです。日常茶飯事に飛び交っていた言葉がどのような意味を持つのか、静かに落ち着いた状況の中で、相互に触れ合うことで、気づきの心が、そして、心の窓が開いていくのを感じるのです。

一つのグループの発表が終わった後、子ども達に、どんな思いを持ったのか聞いてみました。

「今のグループの発表を聞いて、どう思いましたか？」

子ども達は顔を曇らせながら答えてきました。

「他のグループの発表を聞いていたら、いやな言葉ばかりで、気持ちが悪くなりました」

「自分たちが言っていた言葉がどんなに悪い言葉なのか、今初めて気づきました」

「こんな言葉をいつも言っていたのかと思うと、相手に本当にすまないと思った」


客観的に自分たちが言っている言葉に触れたことで、子ども達は、普段何気なく発している言葉の重みに気づき始めます。言葉の持つ意味と、その影響をしっかり考えることが大切だと気づき始めるのです。

そしてもう一つ気づいたことは、言ってしまった悪いと思った言葉の数は、言われて悲しかった言葉より非常に少ないということです。既に言ってしまった悪いと思った言葉は、静かに自分を振り返った時にその重みに気づく言葉であり、言ってしまった時は、悪いとは、あまり思っていない言葉なのです。子ども達にとっては、日常茶飯事の言葉ぐらいの受け止め方なのです。一方で言われて悲しかった言葉は、言ってしまった悪い言葉より、はるかに多く書き出されていたのです。これらの言葉を見た時、これでは、言われた子ども達は傷つくのだろうな、並大抵な悲しみではないなと、私は思いました。

子ども達が書き終わった時、一人の生徒が私のところに来て、信じられないような言葉を口にしたのです。

それは、

「私は、相手にどんな言葉を言われても気にはならないよ」

というものでした。他にも同様な生徒が出てきました。言われて、悲しかったという思いを言葉にする子ども達がいる中で、何の思いも持たないと、はばからない子ども達がいたのです。このような子ども達の心の中では、自分自身がいじめにあう対象と思いたくないし、又、思われたくもないという意識が働いているように思います。視点を変えれば、いじめと関わりのない自己を作りあげることで、自分の心が疲弊しないように、自己逃避する意識が働いているのではないかと、想像させるような発言とも見られるように感じたのです。

一方で、本当に何を言われても気にならないとすれば、校内でいじめが蔓延していても気にならず、お互いに交わしている言葉の重みに気づくこともなく、結果として、心が傷つく子ども達が出てきてしまうのだろうと思うのです。子ども達が置かれている心のあり方の複雑さが、いじめが発生する背景を複雑にしているように思えてなりません。いじめを注意する前に、子ども達の心にしっかりと触れ合う必要性を改めて思います。

複数の学校で行った一部の結果をご覧ください。
全ての学校で同様な結果が確認されました。

左半分の言ってしまった悪い言葉が少なくなっています。この傾向は、特別授業を行った殆どの学校、グループで見られました。このようなことから、自身が口にした言葉の重みに気づかない子ども達が数多くいることを示しているように思います。
一方で、言われたほとんどの子ども達は傷ついていることが分かってきました。その心の傷は生易しいものではありません。この状況を見ると、心を閉ざし、最悪は死と向き合

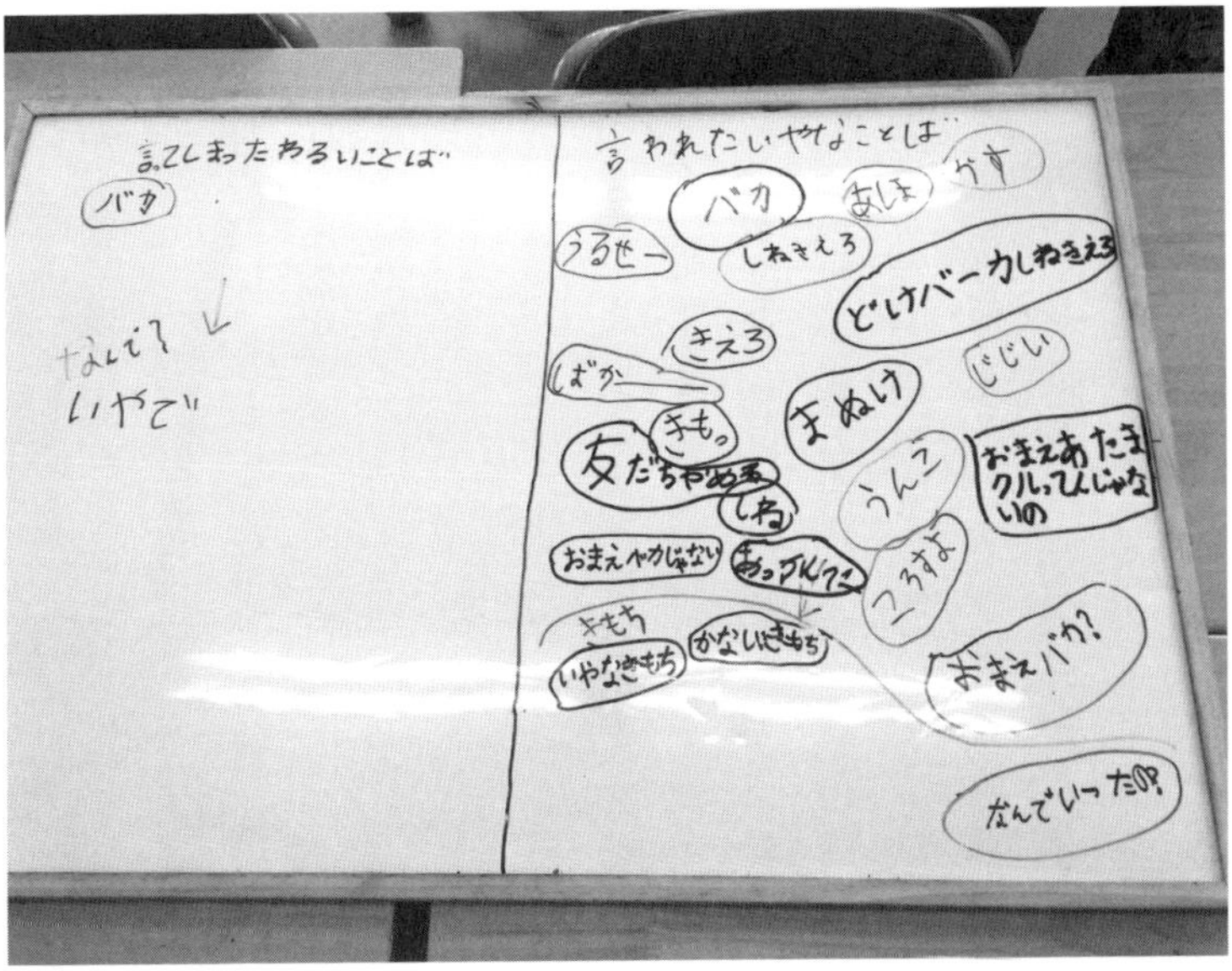

う子ども達が出てくるのも分かる気がします。
子ども達の心の実態を的確に把握することが、強く求められるように思います。

子ども達が発表し終わった後、特別授業を行ったほとんどの学校でこんな場に接しました。子ども達が発表し終わった途端に、担任の先生が、

「あなた達、こんなことを毎日本当に言い合っているの？」

と、子ども達に厳しい言葉で怒りを投げかけるのです。

子ども達は、先生に知れてしまった、というような、気まずそうな顔をして先生の方を見ています。この時、怒りをぶつける先生が多かったのですが、中には悲しげな顔つきになり、うつむきながら、その場に静かに佇んでしまう先生もおられました。子ども達の発表に触れて、様々な思いが巡っているのだろうと、私は思いました。

思わず口から出てしまう言葉に、少しばかりの違和感を持ちながら、先生がいない所でこれらの言葉を飛び交わしている。一方で、他を傷つけてしまうほどの言葉とは自覚していない。そして、日常茶飯事で飛び交う言葉であることで、言われても何も感じなくなるほど自覚していない子ども達も出てくる。

改めて落ち着いた状態で、言葉の持つ重みを意識しながら自分達が言ってしまった様々な言葉と触れ合い、言葉の卑劣さに気づくのです。悪いとは思わない、何も感じな

いという心から、素直な心に変容していくことを、子ども達の姿から学びました。
特別授業が果たす役割を強く感じています。

いじめの背景にある心の姿

特別授業を行って、分かってきたのは、言ってしまって、悪いと思った言葉よりも、言われて悲しかった言葉が余りにも多いということです。ほとんどの言葉が、いじめにつながる言葉ばかりです。学年の違いがあったとしても、学校全体では相当数の言葉が飛び交っていると予想されます。自分自身が言っている言葉の重みに気づいていない子ども達、先生のいない所で交わされる言葉の数々、心を閉ざすことで、いじめから逃避しようとする子ども達、いじめをなくすことの難しさが感じられます。

相手を労り、大切にしようとする意識の希薄化、自己逃避を意識し、心を閉ざす姿等、いじめには様々な背景があります。子ども達の実態を適切に把握する為には、子ども達の心を開くと共に、現場に寄り添った対応が強く求められると思うのです。

子ども達からの手紙、そして特別授業から、いじめを行ってしまう背景には、次のような子ども達の心の姿が見えてきました。全国の子ども達から届いた手紙を解析した、いじめを引き起こす要因となる主なものについてご覧ください。

・好き、嫌い
（自分と気が合うかどうかを、友達になる基準としている）
・価値観の違い
（考え方が自分と違うことを差別の理由とし、いじめにまで発展している）
・イライラ感
（自分の思い通りにいかないことへいら立ち、思い通りにいかせようとする）
・ストレス
（家庭などで与えられたストレスを、学校で発散）
・仕返し
（自分が嫌な思いをさせられたことに対しての仕返し、復讐心）
・自分に回ってくる不安解除
（自分がいじめられないようにするために、いじめを行うことで身を守る）
・優越性の確立
（自分より弱い人間を作り、偽りの余裕を持とうとする気持ちから起こる行動）
・見て見ぬ振り
（無関心であったり、他人事であったり、自己保身の意識）

・悪いことと思わない
（いじめが与える影響を全く認識していない、一方で悪気はない）
・何を言われても気にならない
（いじめられている自分と思いたくない、思われたくもない。自己逃避）

いのちの授業を通して見えてきた、子ども達がいじめを行う、或いはいじめにつながる心の姿は、このように様々でした。この結果を見て私は、いじめの背景には必ず理由があり、だからこそ、頭からいじめを行ったことを責めるのではなく、なぜ行ってしまったのかを、子ども達に寄り添いながら、一緒に考えていく人、そして場が必要だと思うのです。

心の窓を開くことで、心の内を表してくれる子ども達、その心の内を発表し合う場を設定することで、友達に言ってしまった言葉の重みに気づいていく子ども達、いじめをなくすための一つの光が見えてきたように思います。

第十章　触れる機会が少なかった命

・当たり前と思っていた命
・命の触れ合いの場がない
・価値観の押しつけ

子ども達からの手紙で見えてきたものの一つに、日常的に命をあまり考えていなかったという事実があります。高校生、約４０００人の手紙から、約30％の子ども達が、命のことを考えていなかったことが見えてきました。子ども達が、なぜ命について考えてこなかったのか、また、考えていないのかを、子ども達の手紙から主なものを引き出してみました。次をご覧ください。

・命があること、生きることは当たり前と思っていた。
・命を考える機会がない。
・無理やり、語り手の価値観を押しつける授業、あるいは講演が多かった。
・安易な気持ちで広がる行為（「死にたい」という発言。興味本位のリストカット）。
・辛く、苦しい体験をしたことがないので、実感が湧かない。
・人の死に身近に触れていない。
・命は大切としか教えられてきていない。何故大切なのかの意識欠如。

これらが、子ども達の手紙から読みとれる、命を考えていなかった背景にある主な要因です。本章では、三つのテーマ、『当たり前と思っていた命、命の触れ合いの場がない、価値観の押しつけ』について、その詳細をご覧いただきます。

当たり前と思っていた命

命があることや生きることが当たり前と思っていた子ども達からの手紙です。

『私は今まで、当たり前のように、学校へ通い、授業を受け、友達や家族と暮らしていました。ですが、今日、その当たり前も、当たり前ではなく、生きていることがとてもすばらしいということ。その生きるための命は大切にしなければならないということ、たくさんのことを実感することができました』

『命があるから友達と笑い合える、勉強ができる、思い切り走ることが出来る、命があるからできることは数えきれないほどあるなと思いました。自分はそれを普通のことだと思っていたけれど、そういう当たり前のことが普通のことではない、当たり前ではない特別な事なんだと思いました。そういう気持ちで生活していきたいです』

私たちは、普段、命に関して特別な関心を持たずに生活を送っているのではないでしょうか。「生きることは当たり前と思っていた」という子ども達の思いは、社会全般に共通する意識のあり方かもしれません。当たり前の心からは周りに対する感謝の気持ちは生まれてきません。命、そして、生きることの意味に改めてしっかり触れていくことで、感謝する気持ちを持とうとする心が育まれると、私は思うのです。

私たちは、何気ない日常の中にある「当たり前」と感じていることに心の窓を開き、見つめることで、普段気づけない命と触れ合えるように思います。普段、交わす挨拶の時に見せる相手の表情、心静かな状態で感じる自然の息吹、生かされているということを感じる心、これら全ては、命との触れ合いなのだと思います。

また、命について考える習慣がない生活を送っていると、自分で気づかないうちに、命を軽く考えてしまう意識を作っていってしまうことが、子ども達の手紙から伝わってきます。何気ない日常の中で触れる出来事や人や物に、命との触れ合いを意識しなくなってしまうと、命の重み、深さ、そして広さを感じなくなるのかも知れません。何気ない日常の中でこそ、命との触れ合いを感じる意識を持ち続けたいものです。

命の触れ合いの場がない

家庭や学校、そして地域の中で、意識して命と触れ合う場が少ないことを、数多くの子ども達が手紙でつづってきています。命が大切という概念を伝えるだけでなく、子ど

も達が意識し、自ら考えることができる命との触れ合いの場を、大人社会が提供するこ
との重要性を改めて感じます。子ども達から寄せられた次の手紙をご覧ください。

『私は普通じゃないと生きられません。というより生きる気をなくします。そして普
通じゃないと生きる気をなくす私に、出会いは生きる希望をプレゼントしてくれると
感じます。これからも私は生きる希望をもらったり、あげたり、奇跡のプレゼントを
もらい渡すことを続けたいなと感じます』

学校生活の中では、楽しいこと、嬉しいこと、悲しいこと、辛いこと等々、子ども達
は様々な出来事と触れ合っています。気持ちが行き詰まった中で、誰かと相談したいと
思うこともしばしば起こるのかも知れません。そんな時、相談でき、身近で寄り添って
くれる人、先生であったり、その場にふさわしい相談者がいることが、子ども達に安心
感を与えるのでしょう。より良い出会いがあり、安心感を損ねないような環境を作って
欲しいという、子ども達の願いが伝わってきます。

次の手紙です。

『「命って何だろう」。「命ってなぜ大切なんだろう」。僕はこんなことを考えたことがなかったし、考えようと思ったこともありませんでした。しかし、今日の「いのちの授業」を受けて、もしかしたら初めて本気で「命」について考えました』

この手紙は大事なことを伝えてきているように思います。命について考える機会が少ない平素の生活の中では、〝命は大切〟という言葉を主体的に伝える場に触れることはあるものの、なぜ大切なのかという、命の根幹に触れようとする見方からは、かけ離れた状況に置かれているのではないでしょうか。なぜ命は大切なのかと、自問自答する意識が芽生えてこなければ、無意識のうちに命と距離を置く生活になってしまうのではないかと思うのです。こうした生活の中では、命への関心が薄れ、命を軽く見てしまう心が形成されていくように思います。

子ども達が、このような状況に置かれる背景には、大人社会が、〝命は大切〟という言葉については、子ども達に伝えてはいるものの、『なぜ命は大切なのか、生きる意味とは、生きる価値とは』について、子ども達が自ら考え、気づき、発言する場を十二分に与えていないことにあると、強く感じるのです。

自分の命、他の命、或いは自然界の全ての命への思いが薄れていくことで、自死、殺人、環境破壊等々、様々な命に関する出来事が起きてくるように思います。日常的に意識し、命と触れ合う場を持つことの重要性を改めて感じるのです。

価値観の押しつけ

子ども達は、学校の内部、外部で、命や人権や、道徳に関する様々な授業や講演に触れていきます。その中で、一部の授業や講演に対してだとは思いますが、語り手が自身の価値観を押しつけてくるという思いをつづった手紙が、全国の子ども達から相当数寄せられております。私自身、「いのちの授業」を立ち上げた2年間は、子ども達になんとか命を届けようと、一方向的な講演方式で、教え、伝え、理解させようとしておりました。もちろん、良かれと思って行っていましたが、子ども達から寄せられた手紙に触れ、子ども達の心に届き難い授業を行っていたことに気づくことができたのです。

子ども達が体験した授業や講演への思いをつづった手紙をご覧ください。全国の子ども達から数多く寄せられている手紙の一つです。

『この授業では意見を受け止めて、納得してくれたので、意見が言いやすかったです。命とはこういうことなんだよと、一方的に押し付けられると、なんで？と疑問がたくさんわいてきて、頭の中がごっちゃになってしまいます。けれど、この授業では、私たちに命とは何かということを考えさせてくれたので、自分でしっかりと考え、そういうことか？と納得することができました』

『僕は今まで数々の人権やいじめの授業を受けてきました。でも、みんな一方的なものでした。だから、今回の命の授業も、一方的なものだと思っていました。でも、「みんなで作る授業」と聞いてから、僕の考えは変わりました。僕たちの発言を優先してくれました。そのおかげで、僕は聞き飽きず、授業を受けることができました』

これらの手紙で記述されている、価値観を押しつける授業というのは、一部の授業、講演に対する見方と受け止めておりますが、子ども達が価値観の押しつけと感じてしまう授業、講演が行われていることが見えてきました。私は、これらの授業、講演を、決して否定するわけではありません。むしろ、本書の「いのちの授業」を超えるほどの感動を与える、素晴らしい話をされている授業、講演はたくさんあることを承知しております。子ども達も、話の内容の素晴らしさは心から認識しています。一方で、価値観の押しつけという感覚を持っていることも否めない事実なのです。

なぜ価値観の押しつけと感じてしまうのか、最初の手紙に、そのことが推察できる思いがつづられています。それは、語り手が、自身が伝える生き方と同じ生き方をすることを無意識の内に、或いは意識的に、子ども達に求めているからだという点です。

次の手紙をご覧ください。子ども達の心からの願いです。

『今まで、何回も人権の授業を受けてきて、何か自分の中で納得できなかったりする事ばかりでした。「命は親からもらったもの」、「かけがえのないもの」、そればかりだったからです。正直それに辟易して、考えることを放棄していました。自分から動くという事もしていませんでした。今日の授業で、誰かからではなく、自分から、という事がとても印象に残りました。今まで私に出来なかったこと、しようとせず逃げていたこと、そのものだったからです。でも、今日それを知ることが出来たから、変わりたいです。変われるように努力します』

『私は正直、こういう授業は嫌いです。毎回、結局押しつけがましいからです。私は日々、どう生きるかよりも、どう死ぬかを考えてしまいます。しかし、今回は今までの人権学習の中で、一番実のある、未来のある授業だったと思います。私の通っていた小学校や、中学校にも行って頂きたいです』

良かれと思っても、結果として語り手の価値観を押しつけることになってしまう授業、講演は、子ども達を命の思いから、むしろ遠ざけてしまうことがあることを物語っているように思います。授業を振り返って思うことは、どのような感動的な話でも、一方向的に伝える場としないこと、語り手の価値観を押しつける場とならないこと、そして、子ども達にどう受け止められているかに語り手が気づくこと、これらのことが、命への思いを子ども達の心に届かせるために、重要な視点と受け止めております。今後も、語り手としてのあり方を常に意識しながら、子ども達の心に寄り添っていきたいと思います。

第十一章　〝生きる希望〟へ

・命に対する心の変容
・死と向き合う心
・生きる希望

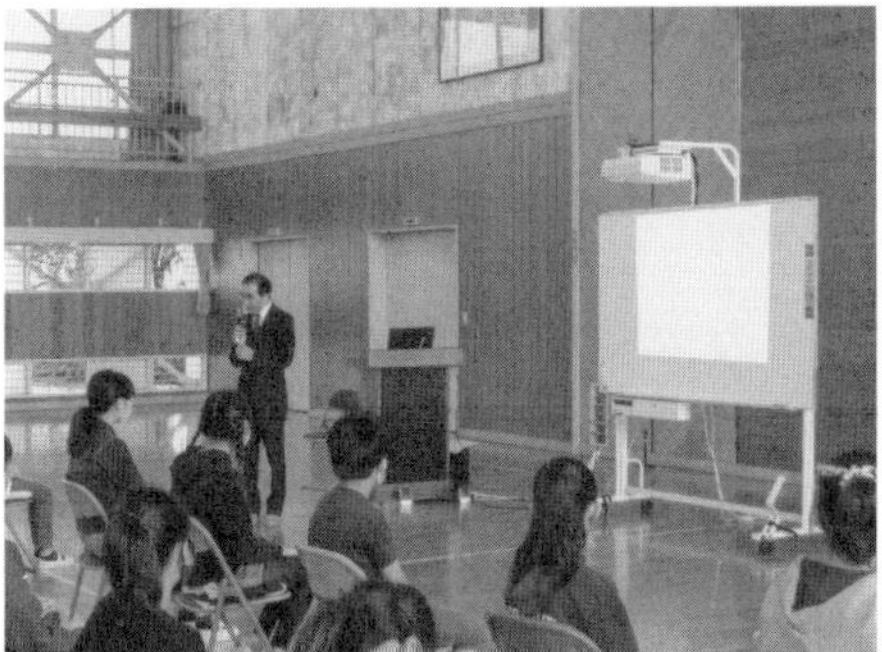

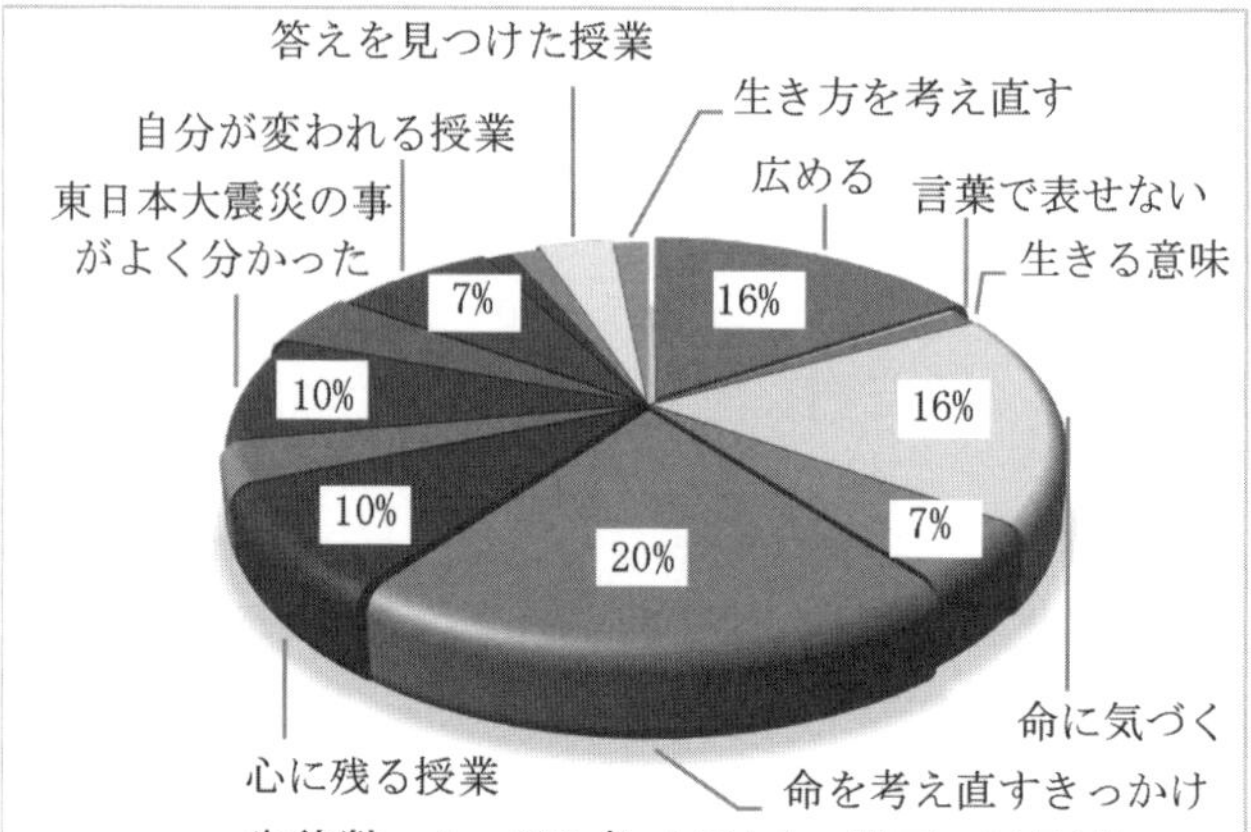

生徒数　1，400 名（高校生：関西、甲信越）

授業の価値

命に対する心の変容

次のグラフ、「授業の価値」をご覧ください。3年程前に、本授業の価値について質問したことへの子ども達からの回答です。様々な受け止め方を手紙でつづってきています。

命についても同様に様々な思いを届けてきています。その中の一部ではありますが、死と向き合っていた子ども達の心の内が手紙でつづられてくることがあります。学校によって、また、学年によって差異はありますが、おおよそ4%前後の子ども達が、死と向き合っていることが、授業を通して分かってきました。

中には、20%近い子ども達が死と向き

合っていた高校、また、主に自己否定が要因で、10％の子ども達が死と向き合っていた中学校、そして、いじめが主な要因で、14％の子ども達が死と向き合っていた小学校がありました。

小学校でも、このように高い比率を示した学校があることに衝撃を受けたのを、今思い出します。「いのちの授業」に触れ、命を絶ちたいと手紙で、或いは直接伝えてきた多くの子ども達が、生きる意味、生きる価値、生きる力に気づくことで、自分らしく命を輝かせたいという希望が芽生え、生き続けることを選択してくれています。これからも、元気で生活していって欲しいと心から願っています。

全国では、子ども達が日々命を絶ち続けています。死と向き合う子ども達、また、そこまでの思いを持たなくとも、思い悩み、悲しみ、そして、苦しんでいる子ども達の状況が、全国の子ども達から届いた、約4万通の手紙から伝わってくるのです。いじめ、自己否定、家庭問題、等々、様々な要因が子ども達の心に影響を及ぼし、そして、死へと追い込む事例もあることが手紙から伝わってきます。

今の社会は、子ども達だけでなく、大人さえ様々な形で心に影響を受け、それぞれの思いを持ちながら生活を営んでいると感じます。大人も子ども達も、という意味では、命を救いきれない子ども達が出てしまうという、悪循環に入ってしまっている社会状況と感じるのです。子ども達が置かれている状況を含め、社会全般を変革することが求められていると強く感じます。「いのちの授業」は、これから社会を担う子ども達に焦点を当て、命の視点で全ての社会的事象に触れ、より良い社会にしていって欲しいという願いを子ども達に託し、実践をしてきています。また、命について、そして生きることについて、自ら考え、気づき、発言し、それぞれの思いを心の中に住まわせながら、自己肯定観、更には、自己肯定観をしのぐ相互肯定観を育んでいって欲しいという願いも授業の根底に置いております。更に、子ども達が置かれた環境のいかんに拘らず、苦しみ、悲しみ、辛さの中にあってもなお、生きる希望、生きる意味、生きる価値を見出していく命の力に自ら気づき、死へと向かわせる心の傾斜を、自らの力で、生への思いに変容させていこうとする意識を育む場ともしています。

次の手紙をご覧ください。このような手紙が全国から数多く届いております。

『今まで命の授業はすべて、「命は大切」だと教えられるだけの、同じ内容の授業ばかりでした。ですが、この授業を受け、一度、今まで教えられてきた命についての知識を忘れて、今回の授業で、命の大切さについて手に入れようと考えました。気が付いたことは、今まで心の底から「いのちが大切」だと思ったことがなかったことです。今回心の底から命が大切だと思いました』

命が抽象的な言葉でばかり伝えられた場面に触れてきた子ども達は、生きる意味の重さ、深さまで心を通わせることなく、無意識の内に死と向き合ってしまうことがあるのではないかと、思わざるを得ないのです。

死と向き合う心

全国の数多くの子ども達が、死と向き合う動機を手紙でつづってくれました。子ども達が、死へと向かう背景にある心のあり方に触れて頂ければ幸いです。

〈死へと向かわせる背景〉
・いじめ（言葉、暴力、無視）
・家庭問題（親子関係、虐待、親に見捨てられた、自己存在の否定）
・勝手に生まれた自分（勝手に生まれた自分は生きる意味がない）
・不安（将来への不安）
・自己嫌悪（他との比較から、自分が嫌い）
・消えてしまいたい（生きることが苦しい、辛い）

・死んだほうが楽（生きることが面倒くさい）
・嫌なことが多い（人間関係）
・生きる意味（生きる意味が分からない、何のために生きるのか）
・孤独（一人で抱え込む）
・自己否定（自分はいらない人間、生きる価値の無い人間）
・自分で終わらせる（・・歳までに命を終わらせる　・・歳で死ぬ計画）
・いつ死んでもいい（生きる事への執着心がない）
・軽い気持ち（命を軽く考えていた）
・精神面（訳もなく号泣し、死にたいと思う）
・何となく（死にたい、死んでもいいや）
・ストレス（受験、親の強制）

ご覧頂きましたように、子ども達が死と向き合う背景にある要因は様々です。ひとまとめにできないのが死と向き合う心です。死と向き合っている気配を子ども達から感じた時、「命は大切だから、大事にしよう」という投げかけが、どうしても出てしまうのではないでしょうか。その思いを根底に置きながらも、子ども達の背景にある要因は様々であることをよく理解し、その要因に適切に触れ、子ども達の心を癒すことが最も重要なことと受け止めています。

次に、先に記述しました、〈死へと向かわせる背景〉の中の、幾つかの心の思いをつづった手紙に触れて頂きたいと思います。

・いじめ

『私は今もいじめをされています。自殺しようと思ったこともありました。「自分は生きる価値がない」、「私は、この世にいない方がいい」とずっと思っていました』

『毎日、死ね、消えろ、と、クラスの人に言われ、生きる気力を無くしました。道路に行って死のうと考えたりする毎日でした』

「死ね、消えろ」なんと卑劣な言葉でしょう。どのような状況にあっても、生きる価値がある人としての存在を、否定するような言葉を浴びせられたら、だれでも死にたいと思い始めるのではないでしょうか。全国の数多くの子ども達から、「卑劣な言葉をかけられたことで心が疲弊し、死を考えた」という手紙が届いているのです。

「第九章　特別授業」でお示ししたように、心を疲弊させる言葉が、毎日のように、校内で飛び交っているのです。どれくらい、悲しみに暮れた子ども達がいるのか、私は思いをはせると共に、子ども達の心の実態を適切に把握することの必要性を強く感じるのです。

次の手紙をご覧ください。

・家庭問題

『私もいじめを受けたり、母に「いらない子」と言われたりしたことがあり、悲しくて、苦しくて、死んでしまいたいと思ったことがあります。生きたくても亡くなってしまう方もいると考えると、私はそんな甘いメンタルではいけないなと思いました』

『ときには、家庭で耐えられない辛いこともあり、「死んだら誰が私の事を悲しんでくれる？」などと考えてしまう事もありました』

マスコミ報道を通じて、家庭の中で起きる様々な出来事に思いを寄せる毎日です。多くの子ども達が傷つき、命を絶ち、そして、命を奪われています。子ども達から寄せられる手紙には、家庭内で受けている心の傷、それが原因で死と向き合っている姿がつづられています。これらの思いをつづった手紙の数は想像を超えるほど多いのです。

家庭問題に関しましては、様々な課題、親子関係、虐待、見捨てられた自分、存在を否定された自分、等々が子ども達からの手紙から読み取れます。徐々にではありますが、このような状況は増えつつあります。家族が一緒に住む家庭は、生きていることを最も実感できる場であって欲しいと思います。そして、全ての子ども達が、生きていることへの幸福を感じ、前向きに生活できる社会であって欲しいと願っています。「いのちの授業」では、保護者の方々にも、できるだけ参加して頂くことをお願いしております。少しでも、このような状況に対して貢献できるようにと願い、「いのちの授業」を実践して参りたいと心から思っております。次の手紙をご覧ください。

・勝手に生まれた自分

『命とは親が生んでできたものであり、いずれ、終わってしまう悲しいものだと思っていました。はなから死んだほうが楽なんだと思っていました』

『私は産んでくれと頼んでいません。勝手に生まれただけです。最初から生まれなければよかったと、母を憎んだことも沢山あります。痛い思いをすると決めたのは母です。私はそこに関与していません』

母親に産んで頂いた命という思いではなく、勝手に生まれてきた命という思いを持っている子ども達からの手紙です。中には、勝手に生まれてきた命だから、自分で勝手に取り扱ってもいいし、死んでしまってもいいとつづってきた子ども達もいます。このような手紙はもちろん、ごく一部の子ども達に限られますが、母親のお腹から生まれてきた事実を認識しながらも、勝手に生まれてきたと言い切る気持ちを持つ子ども達が実際にいるのです。

しかし、全ての人は純粋無垢の心で生まれてきたと私は思うのです。だからこそ、このような思いを持つに至った背景には、生まれなければよかったと思わせてしまう、悲しい出来事があったのだろうと推測するのです。子ども達の、どのような思いに触れたとしても、子ども達の言動を責める前に、子ども達の本来の心を受け止めながら、その根底にある要因に触れ、寄り添える心を持つことの大切さを心から思うのです。

次の手紙をご覧ください。

・自分がいなくなればいい

『私はいのちの授業を受けてよかったなと思いました。私なんて死ねばいいんだな、いなくなればいいんだと思うことがよくあって、でも、いのちの授業で、生きている意味のない人なんていないという言葉で、自信が持てました』

自分がいなくなればいい、死にたい、という手紙は全国の子ども達から数多く届いています。内容は様々で、子ども達にとっては、心を強く痛めることなのでしょう。これらの手紙に触れて私は思うのです。感受性が高いと言ってしまえば、それまでですが、大人社会の影響で、命の根幹と遠ざかる方向に変化している気がしてならないのです。この要因の一つとして、子ども達が寄せてくる手紙から次のことを感じるのです。

全国から寄せられる子ども達の手紙には、上述した、『命に対する心の変容』で、ご覧頂きましたように、『命は大切、だから大事にしなさい、こんな言葉しか教えてもらえなかった、語ってくれなかった、命は大切なのは分かっている。分かっていることしか教えてもらえていなかった。だから命を軽く見ていた』という思いが数多くつづられていたのです。

命について、大人が、そして大人社会が多くの場で、「命は大切」という言葉上の概念を主体に、子ども達に伝えていることが改めて見えてきました。何故、命は大切なのか、命とは何なのか、生きるとは、等々の命の根幹に少しでも触れていこうとする場が、子ども達に与えられる機会が少ないということを示しているように思います。言葉上の概念から命の根幹へと触れる場を、身近な大人が、そして、大人社会が責任を持って創出していくことが求められているように、私は受け止めています。子ども達が、生きる希望、生きる勇気、そして、生きる喜びを持てる人生につながっていく社会環境の創出に、少しでも貢献して参りたいと思います。

次の手紙をご覧ください。

・生きる意味

『これからは、「人には生きる価値のない人なんていない」という言葉を心に刻んで、自分に自信をもって生きていきたいです』

『ネガティブな私は、悪いことや迷惑をかけてしまうことを起こすと、自分は本当に生きていていいのだろうかと、自分の命の価値について考えています。今まで生きる価値について深く考えすぎて、最終的には自分が生きていても、世界には何も役に立たないじゃないかという考えに至ってしまっていた。でも、今回の授業で自分の命の価値について考え直すことができた』

生きている価値が分からない、だから私は必要ない、死んでしまいたい、生きていることに実感が湧かない、子ども達の叫びです。これらの手紙は、死と向き合う思いを伝えているだけのものではないと、私は受け止めています。子ども達から大人社会に向けた心の叫びとして、『生きたい、生きる意味を知りたい、自分の存在価値に触れたい』という思いが投げかけられていることを、心から感じるのです。

ネガティブな願望を感じさせる言葉ではありますが、むしろ、ポジティブな心のあり方でもあると、私は受け止めております。死にゆく自分を見つめようとするのではなく、むしろ、生きようとしている心の方向を感じます。子ども達の心の奥底にある真の思いに気づくことの難しさと、気づかなければいけないという責任を強く感じさせる手紙でした。

命の根底にある、生きる意味、生きる価値、生きる力に、常日頃、子ども達が触れる場を提供することの重要性を、改めて強く感じさせられた手紙でもありました。

次の手紙をご覧ください。

・自己否定

『私は自分のことが大嫌いです。死に方を考えたり、自傷行為をよくやってしまいます。〝消えてしまいたい〟、〝生まれなければ良かった〟、〝生きたかった人が生きて、私が死ねばいい〟などと、命を大切にしないで過ごしていましたが、今回の講演を聞いて、考え方を変えて生きてみようと思いました。特に、少女の話を聞き、〝命〟は人と人とを結んでいく、とても大切で、温かく、幸せなものなんだと私は思いました』

自分には生きる価値がないと思っている子ども達。自分がいてもいなくても変わらないと感じている子ども達。自分自身が必要ないと思わせてしまう、様々な背景があると感じます。自己否定は自己喪失の思いから生まれ、いつかは死と向き合うことにもなりかねません。自己否定につながる、生きる価値がないという思いは、他の子ども達と自分自身を比較しながら持ち始めていくこともあります。他の人が持っていて自分が持っていないもの、自分が持っているものを超える相手の個性、周りに対して何もできない自分、等々、様々な場面で、他の子ども達との差異を見出していきます。

他との差異を自己判断の基準として持とうとするのは、あちらこちらで見られる、画一的な考え方、生き方を求める社会の在り方に因るのではないかと私は思うのです。子ども達に生きる価値を意識してもらう為には、他より特別なものを持つことでもなく、特別な出来事に出合うことでもありません。全ての人は生きているだけで価値があると、子ども達が受け止めていける環境を作っていくことだと私は思うのです。

今まで、命が大切である理由を一つの答えに結びつけようとする話し合いの場に、数多く触れてきました。命について、多様な思いを持っている子ども達には、息苦しい場面だと思わざるを得ません。私たち大人は、全ての面で子ども達の多様性を受け止め、生きているだけで価値があることに、子ども達と共に、真摯に触れ合っていかなければならないと思います。大人社会のあり方に、大事な示唆を与える手紙でした。

全国の子ども達から寄せられた、約4万通の手紙の中から抜粋して、いくつかのテーマについてご覧頂きました。これらの手紙からは、死と向き合う子ども達の、叫びと言っていいほどの思いが伝わってきます。ここまでの思いをつづってくれたことの背景には、授業のあり方として、子ども達の心の窓を開きながら、それぞれの思いを引き出し、受け止め合う授業としてきたこと、また、子ども達が自ら考え、自ら気づき、発言する場にしたことが、その要因となっていると改めて思います。この授業のあり方はこれからも継続していきたいと思います。

この授業の価値の一端を気づかせてくれた手紙をご覧ください。

『最後感想を言わせてもらったのですが、動揺してしまいました。なので、今言います。私は一度生まれてこなかった方がいいと思いましたが、今日の授業で決意しました。死なないと。今日は本当にありがとうございました』

生まれてこなければよかったという思いを持ち、死と向き合っていた一人の生徒が、生きていく決意をしてくれました。命の語り手として、この上ない喜びを感じると共に、死へと向かう心を、生へと向かう心に変容する、命の力に気づかせてもらいました。

辛く、悲しい思いを持ちながらも、生きる希望、勇気、そして喜びに気づけた思いを手紙で伝えてきてくれています。

この手紙をご覧になった先生からは、

「この子がこんな思いを持っていたとは知りませんでした。これから、子ども達の心の思いを引き出してやれるように、寄り添っていきたいと思います」

と、お話を頂きました。先生の気づきにも貢献できたことを心から嬉しく思います。

生きる希望

前項で、手紙から伝わってきた子ども達の心の叫びに触れて頂きました。子ども達は、苦しく、辛く、悲しい胸の内を伝えてくるだけでなく、「いのちの授業」に触れ、私は、これらの手紙から三つの大切な思いを持たせて頂いております。

一つは、一度の触れ合いでも、死への思いから、生への思いに変わることがある。
二つ目は、90分という短い時間の中でも、子ども達は変容することがある。
三つ目は、誰にも語っていない思いを手紙につづってくれた。

これらの三つの思いを通して、次のことを改めて認識することができました。前述した思いの繰り返しになりますが、命、人権、道徳、等、心に触れる場に子ども達と触れ合う時は、語り手として、一方向的に教え、伝えるのではなく、子ども達の心の多様性を受け止めながら、自ら考え、気づき、そして発言する場を提供すれば、子ども達の心が開いていくことを。言い換えれば、教え、伝え、理解させる授業ではなく、子ども達、それぞれが既に心の中に持っている大事な思いを引き出していく授業ということです。

更に、誤解を恐れずに言わせて頂きますと、語り手として、自らの体験を通した気づきや価値観を、子ども達に一方向的に語り続ける姿ではなく、子ども達一人ひとりを、生きる価値を持った一人の人間として受け止め、子ども達の心に内包する、命に対する思いを引き出すことを基軸に語ること。この姿を、子ども達が受け止めてくれるということを、700校を超える子ども達との触れ合い、4万人を超える子ども達からの手紙から私自身が気づかせてもらったことなのです。

私自身、10代の頃、家族を3人続けて亡くす体験をし、かつて、自身の体験を基に、命を一方向的に教え、伝え、理解させようとしていた時期がありました。しかし、上述した子ども達からの様々な思いをつづった手紙に触れ、個人的体験を一方向的に語る授業から、上述した、子ども達の心の中から引き出す授業に変容させていったのです。

死から生への心の変容を見せてくれた、子ども達からの手紙です。

『今回、話を聞いて、命についての考え方が変わりました。私はつい最近まで、自殺しようかと、本気で考えていました。勉強も何もできない自分に怒っていたからです。しかし、今回話を聞いていく中で、ずっとそんなことを考えていた自分が馬鹿々々しくなりました。「命」というのはかけがえのない存在なのだと改めて思いました。先生の話がなければ、私はどうなっていたか分かりません』

手紙からご覧頂けますように、自死を考えていた一人の生徒を死の瀬戸際で救うきっかけを作ることができました。心から、「良かった」と思えた瞬間でした。このようなケースは他にも全国で多数起きています。そのたびに、私は命を救えた喜びと共に、子ども達との出会いの持つ大きな意味に静かに思いを寄せるのです。

『別に自分が、いようがいまいが、わりとどうでもいいと考えていました。しかし、今回、話を聞いて、誰にだって生きる意味、生きる価値があるのだと感じることが出来ました。これからは、自分が生きたいという意見を持ち、他人のためにも、この当たり前だと思っている日常に感謝をし、一日一日を全力で、一生懸命生きていこうと思いました』

『私は自分のことがきらいでした。生きる価値などないと思っていました。ですが、話を聞いて、「生きる価値がない人なんて一人もいないんです」と先生が言って、自分は少しおどろきました。自分は生きる価値などないなんて思っていましたが、自分も少しはあるのかなって思いました』

自分自身に自信を持てず、生きている意味がないと思い込んでいる子ども達。同様の手紙が全国から数多く届いています。「子ども達がこんな思いを持っていたことを、全く知らなかった」と多くの先生方がお話をされました。子ども達の心の中にある思いを引き出すことができて、本当に良かったと思えた手紙です。

延べ約700校を超える子ども達と触れ合ってきた中で、何か特別な能力を持つことであったり、又、今までできなかったことを、できるようになったりすることで、自己肯定観を養っていく環境が周りから与えられていく場に接することが数多くありました。もちろん、このような環境下でも、子ども達は成長した自己と出会いながら、一定の自己肯定観を育んでいくと受け止めております。

一方で、目に見える環境に触れさせ、行動させ、そして、自信を持たせる環境を与える前に行うべき、大事なことがあるのではないかと私は思うのです。それは、「第三章授業の実践　その一」を含め、多くの章で記述しましたように、子ども達は生きることや命に対して、素晴らしい思いを既に心の中に持っています。子ども達と触れ合う大人の方がそれを認識し、心の中から引き出すことを実践する心を持たなければならないのだと思うのです。自己肯定観についても同様です。子ども達は生きているだけで自己肯定されるべき素晴らしい、価値ある存在だと捉えることが重要であり、この思いに沿って、自己の存在価値を肯定する意識を子ども達が自ら気づき、心の中から引き出せる場が提供されることが大事だと思うのです。

誤解を恐れずに申し上げます。特別な場に接しさせることで、自己肯定観を身につけさせようとする前に、既に自己肯定されている価値ある存在だということを、子ども達が自ら気づく場を提供するということだと考えます。何も与えることなく、また、目に見えるどのような体験をさせなくても、純粋な心で生まれてきた一人ひとりであることを、心の中から引き出してやれば、子ども達は真の自分自身を思い出し、真の自己肯定観を持ち始めるのです。この誘導で気づいた自己肯定観は、全ての生命、そして全ての事象の存在意義や価値を受容する、普遍性を持つ相互肯定観に変容していくのだと、私は子ども達と触れ合う中で気づかせてもらいました。このことは、心の窓を開いた子ども達からの学びだと受け止めています。

次の手紙をご覧ください。

『私は時々、〝死んでしまったらどうなるんだろう〟と思うことがあります。急に涙が止まらなくなるのです。自分は何もない、良いところがない、〝生きている意味ない〟と。お母さんやお姉ちゃんを困らせてしまったり、その時思うのです。でも、若尾先生が教えてくださったお言葉、とても私の胸に響きました。それは、〝人間は、一人ひとり価値がある〟という事。みんな一人ひとり、必要な人間だということ、深く心に刻みました。こんなに本当の気持ちを伝えるということが、若尾先生が初めてです。それほど素晴らしい講演会を開いてくださり、本当にありがとうございました』

授業を通して、自分には生きる価値があり、生きていい存在だという意識へと変わっていく事例です。何かの行動を通して、或いは特別な体験をする場を提供することで自己肯定観を持たせる前に、生きているだけで価値がある一人ひとりであるという考えを心の中から引き出す場を提供すれば、既に肯定されている自分だということに気づき始めるのです。何もしなくても素晴らしい存在だということ、そして、生きているだけで素晴らしい存在だということに気づき始めるのです。

誤解を恐れずに申し上げますと、私はここにこそ、真の自己肯定観が存在すると思うのです。真の自己肯定観を持った子ども達は、自身に起こる全ての事象に対して、恐れることなく前向きに取り組んでいこうとする意識を自ら育み、そして、悲しみ、辛さ、苦しみの中にあってもなお、そこから、生きるために大切なことに気づける命の力を見出していくと、私は心から感じるのです。

『私は生きたい。だから、生きる意味を知りたい、自分の存在価値に触れたい、そして、生きる証を見つけたい』と、子ども達は心から願っています。この願いに寄り添うためには、生きているだけで肯定されるべき、価値ある存在だと気づかせる場の提供が重要だと感じます。そして、子ども達が言葉では表現し難いものの、既に幼い時から、子ども達の心の中に眠っている願いだと周りが受け止め、子ども達の心の中から引き出す場が提供されることが更に大事だと思うのです。

これまでの章で、子ども達の心の中から引き出す授業の必要性と重要性について触れてきました。自身の体験に基づき、一方向的に語り続ける講演を決して否定するものではありません。命に触れる素晴らしい講演も数多くあることを認識しております。その上で、述べさせて頂くならば、自身の体験を語り続ける講演に子ども達を触れさせる前に、子ども達の心の中から引き出す場を提供していただきたいと思うのです。子ども達からの手紙をご覧いただいたように、真の自己肯定感に触れようと、子ども達は、自ら考え、気づき、発言する場を求めているのです。この場に触れさせた後、多くの場に触れさせてあげて頂きたいのです。子ども達の心に寄り添って頂くことを心から願うもです。

第十二章　気づきを言葉に

・命の輝き
・心の瞳で見る
・あなたのままでいい

本章では、私が全国の子ども達と触れ合う中で、また、様々な出来事との出合いの中で気づくことができた、命への思いを言葉にしてみました。多くの方々に触れて頂ければ幸いです。特に子ども達は、悲しみ、苦しみ、辛さの中にあってもなお、生きる意味、生きる価値、生きる力を見いだせる命の力を、心の中に持っている一人の人間だということに、少しでも気づいて欲しいという願いを込めた言葉です。

命の輝き

「命の詩」

命はふしぎ
数えきれないほど多くの人から頂いた命
そして、命は引きつがれていく
今度は私の出番
私がバトンタッチする出番
だから、自分の命を大事にしよう

命はふしぎ
私の命から、たくさんの命が生まれていく
だから、しっかり命を育んでいこう
みんなの命も同じ
一人ではない命を感じよう
あなたとあなたは、きっとどこかでつながっている

命はふしぎ
見ることも取りかえることもできない
だけど、そよふく風に、流れる雲に、
そして、小鳥のさえずりに感じるもの
感動を与えるもの、かけがえのないもの
そして、涙が出るほど、いとおしいもの

命はふしぎ
私たちが普段意識しない命のいとなみ

命は休むことなく動き続ける
疲れたといって、休むこともない
めんどうくさいといって、休むこともない
しっかり、一人ひとりを支えてくれている

この、ひとつしかない命
自分の命も他人の命も大事にしよう
そして、すべての命を大事にしよう

「いのちの授業」主宰　若尾　久

つながる命、自然のいとなみに触れ感じる命、そして、無意識のうちに支え続けてくれる命、様々な命の思いに今一度触れて頂きたいという思いを表現いたしました。私たちは、何気ない日常の中で、命を意識せず生活を送っています。時には、心を開き、命と対話をする時間を見つけて欲しいと思います。身近に触れる生きものや、出来事にそっと心の耳を傾ければ、命の声を聞くことができます。心で触れてみてください。

心の瞳で見る

私たちは、目に見える世界の中にのみ、物事の価値を見出そうとしているように思えてなりません。もちろん、目に見える世界に、大切な思いに気づくものや出来事があることは受け止めております。一方で、目に見えない世界、心の世界と表現いたしますが、目に見える世界を超える大事な思いが、たくさん詰まっているように思うのです。この思いを私なりに表現いたしました。

「心の瞳」

あなたの目は、
目に見えるものだけでなく、目に見えない心を見つめる為にある。

あなたの口は、
人に苦しみを与える為にあるのではなく、人に勇気と喜びと感動を与える為にある。

あなたの耳は、
人の言葉や音を聞くだけの為にあるのではなく、人の心の響きを聞く為にある。
あなたの手は、
人に暴力を振るう為にあるのではなく、人を支える為にある。
あなたの心は、
自分だけの為にあるのではなく、全ての命との繋がりに気づく為にある。
あなた自身は、
生活する為にだけ生きるのではなく、今を生きることの大切さに気づく為に生きる。

「いのちの授業」主宰　若尾　久

私たちの身体の機能は、それぞれ、生きる上で大事な働きを持っています。一方で、視点を変えると、身体の機能は生きる為だけにあるのではなく、命、或いは心とのつながりに気づかせてくれる重要な機能であることも分かってきます。いつも自分の身体の機能と語り合いながら、何気ない日常の中で、見過ごしてしまう物や出来事に心を澄ませていきたいものです。そして、当たり前の視点を当たり前でない視点へと、心配りをしていきたいものです。

あなたのままでいい

私たちは、外面的に、あるいは、内面的に他の人との違いを見つけ、そこに、優越感であったり、劣等感であったり、様々な差別的な感覚を持つことが、しばしばあります。「いのちの授業」を通して、子ども達の世界でも、いじめの原因の一つとして差別があること、また、多くの場合、優越感を持つ為の行為であることが見えてきました。

私は、違いということについて、次のように思っています、外面的、或いは内面的な違いは、その人しか持ち得ないものであり、違いがあるからこそ、自分自身を認識することができます。全ての人が全く同じ外見で、同じ思いを持っていたならば、自身の存在価値が見えなくなってしまいます。背が高い人は、背が低い人がいるから大きいと認識できるのです。皆が、背が高ければ、背が高い自分として自覚することはできません。違いは個々の存在価値を自覚し、自分自身としての存在意義を認識するための重要な要素だと思うのです。

違いを差別の手段として見る見方は、全く価値の無い見方と言えるのではないでしょうか。違いを認め合うだけでなく、違うからこそ自己認識ができることに思いを寄せて欲しいのです。その意味で、違いは感謝する心を育む大事な要素だと感じます。

次に、悲しい出来事、苦しい出来事、そして、辛い出来事と出合い、心を病んでしまった子ども達の為に、自分自身を信じて、あなたのまま生きて欲しいという思いを込めて作った詩をご覧ください。

「あなたのままでいい」

どんな困難に出合っても、苦しい思いを持っていても、
悲しくて、辛くて、くじけそうになったとしても、
あなたを、あなたのまま受け止め、守ってくれる人が必ずいる。
あなたは、今、ここに生きている、自分自身として生きている。
だから、あなたのままでいい。

苦しみは乗り越えるものではなく、心の中に持ちながら、

その中から、大切な思いに気づき、学ぶこと。
苦しみの中から、自分自身を成長させる糧を見出していくこと。
心の瞳で見ること。この『命の力』をあなたは持っている。
だから、あなたのままでいい。

あなたの思いを、ありのままの自分を通して表現すること。
同じ思いで苦しんでいる人たちを、心から癒すこと。
どんな苦しい中にいても、あなたにはそれができる。
それが本当のあなた。あなたという『命』が存在する意味。
だから、あなたのままでいい。

家族、そして、出会った人たちから贈られた宝物。それが命。
みんなに、生きる力を与えることができる自分に気づいた時、
あなたは、悲しみや辛さ、そして苦しい思いがあったからこそ、
『命』を生き抜く今の自分があると、きっと思える時がくる。
だから、あなたのままでいい。

「いのちの授業」主宰　若尾　久

エピローグ

「いのちの授業」を実践してから、17年が経ちました。この間に於ける10年は企業に在籍していた時の実践であります。全国延べ約700を超える学校（小・中・高・大・特別支援学校・養護学校）に訪問し、8万人を超える子ども達、約6000人の先生方との触れ合いを頂いて参りました。

中でも東日本大震災で被害を受けた地域での授業では、未曽有の災害を受けながらも、前を向いて乗り越えていこうとする子ども達の姿に触れ、生きる意味、生きる価値、そして生きる力を改めて思い起こさせて頂きました。また、子ども達が自ら命を絶った、複数の地域の学校も訪問してきました。先生方にお会いし、授業の中で子ども達の表情に触れ、時にはご遺族の方々とお会いして、言葉には表せない命への思いを持たせて頂きました。

命への素晴らしい思いを心に内包する子ども達。命の意味を探求し続けようとする子ども達。そして、命を光り輝かそうとする子ども達、一方で生きる意味を喪失した子ども達、自己の存在を否定する子ども達、今にも命を絶とうとしている子ども達、「いのちの授業」を17年間実践し、気づくことができた、子ども達の心の姿であり、心の叫びです。

命の語り手としての立場だけでなく、一人の人間として子ども達の幸せを願い、全力を傾けて子ども達と向き合う「いのちの授業」にしなければならないと、心の中に刻むことができました。私はいつも思うのです。私たちは、何のために生きるのかと。言い換えるならば、私たちは、何のために生まれてきたのかと。誕生、家族愛、人間関係、生き抜く力、絆、労り、優しさ、希望、勇気等々の数え切れないほどの、命と関わる普遍的なテーマに触れ、その意味に気づき、そして、人として成長していくことに生きる目的が置かれているように思えてならないのです。生きる意味に触れながら、人として成長し続ける社会の実現に、少しでも力を注ぐことができることを願い、「いのちの授業」を継続してまいります。

最後になりましたが、本書執筆にあたって、心温まるご指導と執筆のきっかけをお作り頂いた、山梨大学名誉教授の兎束保之様には心から感謝の意を表したいと思います。また、読者の目で見た、全体構成、文書表現、言葉の選択等々へ親切丁寧なご指導を頂いた、一般社団法人甲府心理臨床研究所の五味義夫様には心から御礼を申し上げます。

令和6年9月

若尾　久

参考文献

Ⅰ　第二章　子ども達の心の窓を開く
「心の中から引き出す」
『いのちへの対話　露の身ながら』集英社文庫　２００８年
『社会的共通資本』岩波新書　２０００年
『金子みすゞ全集』ＪＵＬＡ出版局　１９８４年

Ⅱ　第五章　授業の実践　その三
「文字の中に見出す命」
『星の王子さま』集英社　２００５年

Ⅲ　第七章　心の目で命と触れあう
「心のメッセージ」
『「人生の答」の出し方』新潮文庫　２００６年

Ⅳ　第九章　特別授業

参考文献

「いじめの言葉を楽しむ姿」
『令和元年度　児童生徒の問題行動・不登校等生徒指導上の諸問題に関する調査結果について』文部科学省　初等中等教育局　児童生徒課

著者プロフィール

若尾 久（わかお ひさし）

1950年山梨県生まれ。

「いのちの授業」主宰
大手電機メーカー在籍中に、子ども達のいじめ、不登校、自殺を無くしたいという思いで、社会貢献活動の一環として立ち上げた「いのちの授業」。大手電機メーカーを退職後、NPO法人を立ち上げ、継続。全国の教育機関に出向き、子ども達への授業、PTA・教職員・一般の方々への講演を実施。地域活動として「いのち塾」の開講を検討中。講演形式ではなく、子ども達の心の中から命への思いを引き出す授業として実践。子ども達が自ら考え、気づき、発言する場を創出し、命の根幹（生きる意味、生きる価値、生きる力）に触れる授業としてきたことで、多くの子ども達の命を救えた。

現在も全国の教育機関を廻り、活動を継続中。

本書は初著。


「心の窓」を開くいのちの授業 主役は子ども達

2024年12月15日　初版第1刷発行

著　者　若尾 久
発行者　瓜谷 綱延
発行所　株式会社文芸社
〒160-0022　東京都新宿区新宿1－10－1
電話　03-5369-3060（代表）
03-5369-2299（販売）

印刷所　株式会社フクイン

ISBN978-4-286-25922-2